CANDOMBLÉ
UMA RELIGIÃO ECOLÓGICA

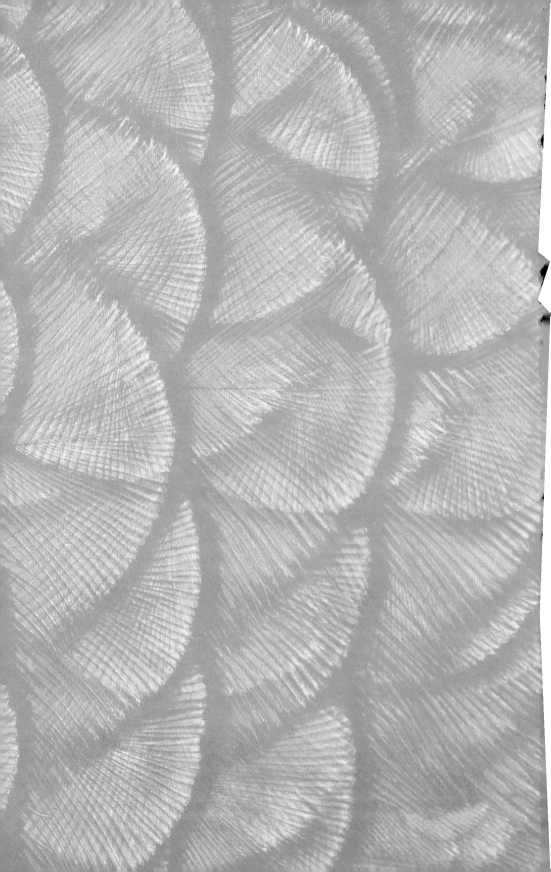

ADEMIR BARBOSA JÚNIOR
(DERMES)

CANDOMBLÉ
UMA RELIGIÃO ECOLÓGICA

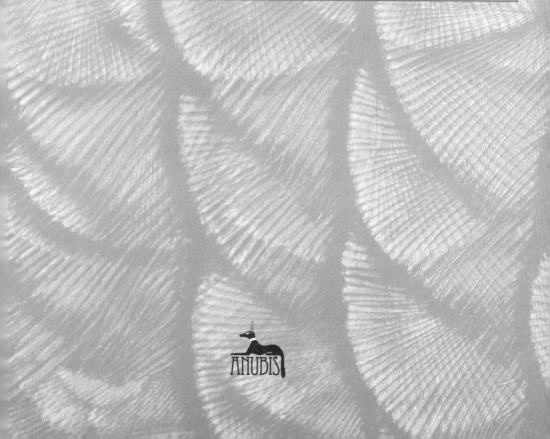

ANUBIS

© 2016, Editora Anúbis

Revisão:
Viviane Lago Propheta

Apoio cultural:
Rádio Sensorial FM web
www.sensorialfm.com.br

Projeto gráfico e capa:
Edinei Gonçalves

Imagem de capa:
iStock.com/PrinPrince

Dados Internacionais de Catalogação na Publicação (CIP)
(Câmara Brasileira do Livro, SP, Brasil)

Barbosa Júnior, Ademir
   Candomblé : uma religião ecológica / Ademir Barbosa Júnior (Dermes). -- São Paulo: Anúbis, 2016.

   Bibliografia.
   ISBN 978-85-67855-38-7

   1. Candomblé (Culto) 2. Orixás I. Título.

16-01139   CDD-299.673

Índices para catálogo sistemático:
1. Candomblé : Religiões de origem africana   299.673

São Paulo/SP – República Federativa do Brasil
Printed in Brazil – Impresso no Brasil

Este livro segue as novas regras do Acordo Ortográfico da Língua Portuguesa.

Os direitos de reprodução desta obra pertencem à Editora Anúbis. Portanto, não é permitida a reprodução total ou parcial desta obra, de qualquer forma ou por qualquer meio eletrônico, mecânico, inclusive por meio de processos xerográficos, incluindo ainda o uso da internet, sem a permissão expressa por escrito da Editora (Lei nº 9.610, de 19.2.98).

Distribuição exclusiva
Aquaroli Books
Rua Curupá, 801 – Vila Formosa – São Paulo/SP
CEP 03355-010 – Tel.: (11) 2673-3599
atendimento@aquarolibooks.com.br

Impressão e acabamento: Mark Press Brasil

SUMÁRIO

Introdução	13
Candomblé	15
O que é Candomblé?	15
Quais as relações entre o Candomblé e a espiritualidade do terceiro milênio?	17
O que são Nações?	19
O que é a Nação Ketu?	19
O que é a Nação Angola?	19
O que é a Nação Jeje?	20
Em linhas gerais, como se formou o Candomblé?	21
Quais os primeiros terreiros de Candomblé?	23
Qual um dos maiores ícones do Candomblé Ketu?	24
Qual um dos maiores ícones do Candomblé Angola?	26
O que é Batuque?	29
O que é Xangô?	29
O que é Tambor de Mina?	29
O que é Macumba?	30
O que é Cabula?	30
O que é Candomblé de Caboclo?	31
O que é Catimbó?	31
O que é Umbanda?	31
O que é o Culto aos Orixás?	33
O que é o Culto aos Eguns?	33
O que é o Culto a Ifá?	34
O que é Quimbanda?	34

CANDOMBLÉ: UMA RELIGIÃO ECOLÓGICA

O que é Candomblé Vegetariano? 35

Como os orixás são cultuados em outros países da américa? 35

Orixás 37

O que é Orixá? 37

Quais as principais características dos Orixás? 38

Quais os Orixás mais conhecidos e cultuados no Candomblé? 39

Quem é Exu (Legba/Eleguá/Bará)? 40

Quem é Ogum? 41

Quem é Oxóssi (Odé)? 42

Quem é Obaluaê (Omulu, Xapanã, Sapatá)? 43

Quem é Ossaim? 45

Quem é Oxumaré? 46

Quem é Nanã? 48

Quem é Oxum? 49

Quem é Obá? 51

Quem é Euá? 52

Quem é Oyá (Iansã)? 53

Quem é Logun-Edé? 54

Quem é Iemanjá? 55

Quem é Xangô? 57

Quem é Oxalá (Obatalá/Orinxalá)? 58

Qual um dos mais conhecidos relatos mitológicos africano
sobre Exu? 59

Qual um dos mais conhecidos relatos mitológicos africano
sobre Ogum? 60

Qual um dos mais conhecidos relatos mitológicos africano
sobre Oxóssi? 60

Qual um dos mais conhecidos relatos mitológicos africano
sobre Omulu/Obaluaê? 61

Qual um dos mais conhecidos relatos mitológicos africano
sobre Ossaim? 61

Qual um dos mais conhecidos relatos mitológicos africano
sobre Oxumaré?.. 62

Qual um dos mais conhecidos relatos mitológicos africano
sobre Nanã?.. 62

Qual um dos mais conhecidos relatos mitológicos africano
sobre Oxum?... 63

Qual um dos mais conhecidos relatos mitológicos africano
sobre Obá?... 63

Qual um dos mais conhecidos relatos mitológicos africano
sobre Euá?... 64

Qual um dos mais conhecidos relatos mitológicos africano
sobre Oyá/Iansã?...................................... 64

Qual um dos mais conhecidos relatos mitológicos africano
sobre Logun-Edé? 64

Qual um dos mais conhecidos relatos mitológicos africano
sobre Iemanjá? 65

Qual um dos mais conhecidos relatos mitológicos africano
sobre Xangô?... 65

Qual um dos mais conhecidos relatos mitológicos africano
sobre Oxalá?... 66

Há outros orixás cultuados no Candomblé? 66

Quem é Iroco?... 66

Quem é Okê?.. 67

Quem é Tempo? 67

Quem são os Ibejis? 68

Quem é Olocum? 69

Quem é Ajê Xalugá?.. 69

Quem é Oraniã? 69

Quem é Orumilá (Ifá)? 70

Quem é Ajalá?... 72

O que são qualidades de orixás?.............................. 72

CANDOMBLÉ: UMA RELIGIÃO ECOLÓGICA

Quem é Ori? 73

Quem são as Iá Mi Oxorongá? 73

Quem é Olorum? 73

No Candomblé também se trabalha com as chamadas entidades? ... 74

Quem são os Caboclos? 74

Quem são as Crianças? 75

Quem são os Boiadeiros? 76

Quem são os Exus? 77

Quem são as Pombas-Gira? 78

Inquices. 81

Quem são os Inquices? 81

Quem é Aluvaiá, Bombo Njila ou Pambu Njila? 81

Quem é Nkosi, Roxi Mukumbe ou Roximucumbi? 81

Quem é Ngunzu? 82

Quem é Kabila? 82

Quem é Mutalambô, Lambaranguange ou Kibuco Mutolombo? 82

Quem é Mutakalambô? 82

Quem é Gongobira ou Gongobila? 82

Quem é Katendê? 82

Quem é Nzazi, Zaze ou Loango? 83

Quem é Kaviungo ou Kavungo, Kafungê, Kafunjê ou Kingongo? 83

Quem é Nsumbu? 83

Quem é Hongolo ou Angorô (Masculino) ou Angoroméa
    (Feminino)? 83

Quem é Kindembu ou Tempo? 83

Quem é Kaiangu ou Kaiongo? 83

Quem é Ksimbi ou Samba? 84

Quem é Ndanda Lunda ou Dandalunda? 84

Quem é Kaitumba, Mikaia ou Kokueto? 84

Quem é Nzumbarandá, Nzumba, Zumbarandá, Ganzumba
    ou Rodialonga? 84

Quem é Nvunji?	84
Quem é Lemba Dilê, Lembarenganga, Jakatamba, Nkasuté Lembá ou Gangaiobanda?	84
Voduns	85
Quem são os Voduns?	85
Quem é Loko?	85
Quem é Gu?	86
Quem é Heviossô?	86
Quem é Sakpatá?	86
Quem é Dã?	86
Quem é Agué?	86
Quem é Agbê?	86
Quem é Ayizan?	86
Quem é Agassu?	87
Quem é Aguê?	87
Quem é Legba?	87
Quem é Fá?	87
Organização e Hierarquia	89
Qual a importância da hierarquia em uma casa de Candomblé?	89
O que significa pai ou mãe-de-santo?	89
Quais as principais funções no Candomblé Ketu?	89
O que é Dofono?	92
Quais as principais funções no Candomblé Angola?	93
Quais as principais funções no Candomblé Jeje?	95
O que é o Decá?	96
Terreiro	97
O que é o Terreiro?	97
O que é o Assentamento do Ogum Guardião da Casa?	97
O que é o Barracão?	97
O que é a Cafua?	97
O que é a Camarinha?	98

10 CANDOMBLÉ: UMA RELIGIÃO ECOLÓGICA

O que é a Cozinha?.. 98

O que é a Casa dos Orixás?.. 98

O que é a Casa ou o Quarto de Exu?.......................... 98

O que é a Casa ou o Quarto de Balé?......................... 98

O que é a Cumeeira?... 98

O que é o Peji?... 98

O que é o Roncó?.. 99

O que são os Vestiários?.. 99

O que são Assentamentos?... 99

Principais Cerimônias 101

Quais as principais cerimônias do Candomblé? 101

Existe preparação especial para as cerimônias?.................. 101

O que é o Ipadê?... 102

O que é o Xirê?... 102

O que é o Rum?.. 102

O que é o Bori?... 103

O Candomblé realiza casamentos? 103

O que são sacudimentos? 103

O que são obrigações? 103

O que é Axexê?.. 104

Alguns Elementos do Culto.. 105

Qual a importância das velas no Candomblé?..................... 105

Qual a importância dos banhos no Candomblé? 105

Quais os tipos de banho mais comuns? 106

Qual a importância do sangue no Candomblé? 107

O que é o Sangue Vermelho?... 107

O que é o Sangue Branco?.. 107

O que é o Sangue Preto?.. 107

Tambores 109

Qual a importância dos tambores para o Candomblé? 109

O que é o Rum?.. 109

O que é o Rumpi?	110
O que é o Lê?	110
Quais os toques mais comuns aos orixás?	110
Vestuário	111
Qual a importância do vestuário no Candomblé?	111
O que é a roupa de ração?	111
O que é o pano da costa?	112
O que é o torso, turbante ou ojá?	112
O que são os fios de conta?	112
O que é o quelê?	112
O que é o iian ou inhã?	113
O que é o delogum?	113
O que é o brajá?	113
O que é o rungeve, runjeve ou humgebê?	113
O que é o laguidibá?	114
O que é a bata?	114
O que representam os anéis e brincos?	114
Quais os cumprimentos mais comuns no Candomblé e o que representam?	114
Quais as saudações mais comuns no Candomblé?	115
Oralidade	117
Qual a importância da oralidade no Candomblé?	117
O que são Itãs?	117
Qual um Itã bastante conhecido?	117
O que são Orikis?	120
Qual um Oriki bastante conhecido?	120
Perguntas Diversas	121
Se alguém faz tratamento espiritual com um sacerdote/uma sacerdotisa de Candomblé, tem de se tornar candomblecista?	121
Existem leis específicas que garantam a liberdade de culto ao Candomblé?	121

12 CANDOMBLÉ: UMA RELIGIÃO ECOLÓGICA

A Umbanda, por sua vez, pratica o corte (sacrifício de animais)? 121

Por que se diz que Umbanda é a única religião
genuinamente brasileira? 122

No Candomblé, como é possível alguém conhecer seus
orixás, guias e entidades? 122

Como o Candomblé encara a intolerância religiosa? 122

Por que há muitos homossexuais na Umbanda? 123

Existe uma filmografia sobre Orixás? 123

Anexo 1 – Os Caboclos de Pena 125

Anexo 2 – Orixás na Umbanda............................. 127

Anexo 3 – Como nascem os Deuses.......................... 131

Anexo 4 – Sobre o corte no Candomblé 133

Anexo 5 – Sobre os Elementais............................. 137

Anexo 6 – Sobre a expressão "Religiões de Matriz Africana" 139

Os nomes que não nomeiam 139

Bibliografia.. 143

Livros 143

Jornais e revistas...................................... 147

Sítios na Internet...................................... 147

O Autor... 149

INTRODUÇÃO

Este livro tem como objetivo apresentar um quadro (um mosaico?) sobre o Candomblé, respeitando sua pluralidade e diversidade. Não se trata de um manual ou de um livro sobre Teologia. Também não pretende chancelar os fundamentos desta ou daquela Nação, casa ou conjunto de casas.

No Candomblé não se faz nada que fira o livre-arbítrio, assim como na Espiritualidade nada acontece que fira as Leis Divinas, cujos pressupostos conhecemos apenas palidamente.

Religião nascida no Brasil, ao contrário do que reza o senso comum, o Candomblé é totalmente ecológico. Nele, o homem integra a natureza, não a domina ou explora deliberadamente. A circulação de Energia (Axé) é contínua e ininterrupta.

Dedico este livro a Iya Senzaruban, dirigente do Ilê Iya Tunde – São Paulo – SP.

"Ibiti enia ko si ko si imale" (em tradução livre do iorubá, "Onde não há humanidade, não há divindade").

Na certeza de que, para bater cabeça (em todos os sentidos), é preciso ter uma, desejo aos leitores muito Axé!

CANDOMBLÉ

O QUE É CANDOMBLÉ?

Candomblé é um nome genérico que agrupa o culto aos Orixás jeje-nagô, bem como outras formas que dele derivam ou com eles se interpenetram, as quais se espraiam em diversas nações.

Trata-se de uma religião constituída, com teologia e rituais próprios, que cultua um poder supremo, cujo poder e alcance se faz espiritualmente mais visível por meio dos Orixás. Sua base é formada por diversas tradições religiosas africanas, destacando-se as da região do Golfo da Guiné, desenvolvendo-se no Brasil a partir da Bahia.

O Candomblé não faz proselitismo e valoriza a ancestralidade, tanto por razões históricas (antepassados africanos) quanto espirituais (filiação aos Orixás, cujas características se fazem conhecer por seus mitos e por antepassados históricos ou semi-históricos divinizados).

Embora ainda discriminado pelo senso comum e atacado por diversas denominações religiosas que o associam à chamada baixa magia, o Candomblé tem cada vez mais reconhecida sua influência em diversos setores da vida social brasileira, dentre outros, a música (percussão, toques, base musical etc.), a culinária (pratos da cozinha-de-santo que migraram para restaurantes e para as mesas das famílias brasileiras) e a medicina popular (fitoterapia e outros).

Tal qual o conhecemos, o Candomblé não existia na África, uma vez que naquele continente o culto aos Orixás era segmentado por regiões (cada região e, portanto, famílias/clãs cultuavam determinado Orixá ou apenas alguns). No Brasil os Orixás tiveram seus cultos reunidos em terreiros, com variações, evidentemente, assim como com interpenetrações teológicas e litúrgicas das diversas nações.

Embora haja farta bibliografia a respeito do Candomblé, e muitas de suas festas sejam públicas e abertas a não iniciados, trata-se de uma religião iniciática, com ensino-aprendizagem pautado pela oralidade, com conteúdo exotérico (de domínio público) e esotérico (segredos os mais diversos transmitidos apenas aos iniciados).

Conforme sintetiza Vivaldo da Costa Lima, "a filiação nos grupos de candomblé é, a rigor, voluntária, mas nem por isso deixa de obedecer aos padrões mais ou menos institucionalizados das formas de apelo que determinam a decisão das pessoas de ingressarem, formalmente, num terreiro de candomblé, através dos ritos de iniciação. Essas formas de chamamento religioso se enquadram no universo mental das classes e estratos de classes de que provêm a maioria dos adeptos do candomblé, e são, geralmente, interpretações de sinais que emergem dos sistemas simbólicos culturalmente postulados. Sendo um sistema religioso – portanto, uma forma de relação expressiva e unilateral com o mundo sobrenatural – o candomblé, como qualquer outra religião iniciática, provê a *circunstância* em que o crente poderá, satisfazendo suas emoções e suas outras necessidades existenciais, situar-se plenamente num grupo socialmente reconhecido e aceito, que lhe garantirá *status* e segurança – que esta parece ser uma das funções principais dos grupos de candomblé – dar a seus participantes um sentido para a vida e um sentimento de segurança e proteção contra 'os sofrimentos de um mundo incerto'."

CANDOMBLÉ **17**

QUAIS AS RELAÇÕES ENTRE O CANDOMBLÉ E A ESPIRITUALIDADE DO TERCEIRO MILÊNIO?

O Candomblé e a Espiritualidade no Terceiro Milênio Algumas características (continua)	
1. Holismo	Por ser uma religião ecológica, o Candomblé visa ao equilíbrio do trinômio corpo, mente e espírito, a saúde física, o padrão de pensamento e o desenvolvimento espiritual de cada indivíduo.
2. Ecumenismo e Diálogo Inter-religioso	Além de ter suas portas abertas a todo aquele que deseje vivenciar a Espiritualidade de acordo com suas diretrizes, seja, por exemplo, nas festas públicas ou no jogo de búzios, ou ainda, por meio de iniciações (nos casos em que isso ocorre), o Candomblé mantém fortes laços dialógicos com as mais diversas tradições religiosas e/ou espirituais, algumas das quais o influenciaram bastante em vários aspectos, dentre eles, a ritualística. Enquanto a maioria das casas convive com o sincretismo com o Catolicismo, outras buscam reforçar a identidade própria, evitando mesmo a utilização de imagens católicas em seus cultos, o que não representa necessariamente negação do Ecumenismo e do Diálogo Inter-religioso. O Candomblé não é proselitista.
3. Valorização da vivência/da experiência pessoal	Embora tenha uma teologia própria e, em virtude do forte sincretismo, por vezes ainda vivencie pontos doutrinários de outras tradições religiosas e/ou espiritualistas, o Candomblé valoriza a experiência pessoal (concepções, opiniões, formas de vivenciar a espiritualidade etc.), respeitando o livre pensamento e irmanando a todos em seus rituais, de modo a respeitar as diferenças, sem tratá-las ostensivamente como divergências.
4. Fé e cotidiano: a concretude da fé	Fortemente marcado pela ecologia, o Candomblé convida a todos a vivenciar sua fé no cotidiano, cuidando do próprio corpo, do meio ambiente, vivenciando relações saudáveis etc. Exemplo: cultar o Orixá Oxum é, ao mesmo tempo, um convite para se viver amorosamente o cotidiano, de forma compassiva, e utilizar os recursos hídricos de maneira consciente (escovar os dentes com a torneira fechada, não jogar lixo nas águas etc.). O xirê literalmente prossegue no cotidiano.

CANDOMBLÉ: UMA RELIGIÃO ECOLÓGICA

O Candomblé e a Espiritualidade no Terceiro Milênio Algumas características (conclusão)	
5. Fé e Ciência: uma parceria inteligente	Allan Kardec, Dalai Lama e outros líderes fazem coro: se a Ciência desbancar algum ponto de fé, sem dúvida, a opção é ficar com a Ciência. O Candomblé possui fundamentos próprios, de trabalhos religiosos, energéticos, magísticos, contudo os mesmos não devem confundir-se com superstição e obscurantismo. Por outro lado, sua Alta Espiritualidade, muitas vezes ensinada de maneira analógica/simbólica, é cotidianamente explicada pela Ciência, na linguagem lógica/racional. A medicina das ervas, por exemplo, é complementar à do médico com formação universitária, e vice-versa: ambas dialogam, não se excluem.
6. Simplicidade	A construção de templos, a realização de festas e outros devem visar à gratidão, ao entrelaçamento de ideais, ao conforto e ao bem-estar, e não à ostentação pseudo-religiosa, à vaidade dos médiuns e dos dirigentes espirituais.
7. Leitura e compreensão do simbólico	Para vivenciar a espiritualidade do Candomblé de maneira plena, é preciso distinguir a letra e o espírito, no tocante, por exemplo, aos mitos e às lendas dos Orixás, às cantigas, aos relatos mitológicos etc. Quando se desconsidera esse aspecto, existe a tendência de se desvalorizar o diálogo ecumênico e inter-religioso, assim como a vivência pessoal da fé. O simbólico é um grande instrumento para a reforma íntima, o autoaperfeiçoamento, a evolução.
8. Cooperativismo	Numa comunidade, cada individualidade faz a diferença. Por essa razão, o cooperativismo não é vivenciado apenas em trabalhos que envolvam atividade física, mas também, por exemplo, na manutenção de padrão vibratório adequado ao ambiente e aos cuidados com a língua e a palavra, de modo a não prejudicar ninguém.
9. Liderança: autoridade não rima com autoritarismo	Num terreiro, todos são líderes, cada qual em sua área de atuação, do irmão mais novo na casa ao dirigente espiritual.
10. O exercício do livre-arbítrio	O Candomblé não ensina a entrega do poder pessoal, da consciência e do livre-arbítrio nas mãos dos Orixás ou dos dirigentes espirituais. A caminhada espiritual-evolutiva é única, pessoal e intransferível.

O QUE SÃO NAÇÕES?

Quando se refere ao Candomblé, o vocábulo Nação, como bem observa Nei Lopes, refere-se às "unidades de culto, caracterizadas pelo conjunto de rituais peculiares aos indivíduos de cada uma das divisões étnicas que compunham, real ou idealizadamente, a massa dos africanos vindos para as Américas".

O QUE É A NAÇÃO KETU?

A Nação Ketu, com suas características de culto aos Orixás e aos antepassados, talvez seja a mais conhecida do grande público. Muito contribuíra para isso diversas manifestações culturais, como a Literatura (Jorge Amado e João Ubaldo Ribeiro, dentre outros) e a Música (Vinicius de Moraes, Baden Powell, Chico Buarque etc.).

Segundo Nei Lopes, Ketu era "antigo reino da África ocidental cujo território foi cortado em dois pela fronteira Nigéria-Benin, estabelecida pelo colonialismo europeu. Não obstante, a região de Mèko, no lado nigeriano, ainda é vista como parte dele e o *alákétu*, governante tradicional, ainda a visita em sua cerimônia de posse. O povo Ketu é um subgrupo dos Iorubás, e seu ancestral, segundo a tradição, é o segundo filho de Oduduwa. O Reino de Ketu era um dos seis reinos que constituíam a confederação chamada pelos Hauçás de *Bansa bokoï*, em contraposição aos seus *Hausa bokoï*. A tradição relata que esses reinos foram fundados por seis irmãos, numa lenda análoga à da criação dos Estados hauçás.".

O QUE É A NAÇÃO ANGOLA?

Baseado na herança das religiões bantos, o chamado rito angola engloba essencialmente o cerimonial congo e cabinda. Além dos Inquices, costumam ser cultuados também Orixás, Voduns, Vunjes (espíritos infantis) e Caboclos. Tocam-se atabaques com as mãos, sendo os ritmos predominantes cabula, congo e barravento ou muzenza. As cantigas possuem termos ou trechos em português.

20 CANDOMBLÉ: UMA RELIGIÃO ECOLÓGICA

O Candomblé Angola disseminou-se em quase todo o Brasil, em virtude da afluência e da inserção dos bantos no país. Bastante receptivo a influências do Catolicismo e das religiões ameríndias, no final do século passado, em alguns estados, passou a receber nomes característicos, tais como Cabula (Espírito Santo), Macumba (Rio de Janeiro) e Candomblé de Caboclo (Bahia). Também a influência jeje-nagô fez-se presente nesses cultos.

O QUE É A NAÇÃO JEJE?

A Nação Jeje caracteriza-se pelo culto aos Voduns do Reino do antigo Daomé (mitologia fon) trazidos para o Brasil pelos escravos de várias regiões da África Ocidental e África Central. Os diversos grupos étnicos daomeano (como fon, ewe, fanti, ashanti, mina), em solo brasileiro, eram chamados "djedje" (do iorubá "ajeji", significando "estrangeiro", "estranho").

Os primeiros templos da Nação Jeje foram organizados na Bahia e no Maranhão, estendendo-se, posteriormente para outros estados brasileiros.

Conforme a origem, a Nação Jeje divide-se em diversos segmentos: Jeje-Mahi, Jeje Daomé, Jeje Savalu, Jeje Modubi, Jeje Mina (Tambor-de-mina), Jeje-Fanti-Axanti.

No Jeje Mahi, por exemplo, são cultuados Voduns relacionados aos Orixás, com origem de culto na África, e da região Mahi. Por outro lado, Eguns e Voduns com vida terrena, como os reis do Daomé, não são cultuados. Cultuam-se os antepassados por meio do Vodum Ayizan, na região do Mahi, mulher de Legba e ligada à terra, à morte e aos ancestrais. Os Voduns Jeje-Mahi são, portanto, antepassados míticos. Representa essa Nação o Vodum Gbesen (Bessém).

No Brasil, a africana Ludovina Pessoa, de Mahi, segundo a tradição, foi escolhida pelos Voduns para fundar três terreiros: o Zòogodo Bogum Malé Hundò (Terreiro do Bogum), para Heviossô; o Zòogodo Bogum Malé Seja Undè (Kwe Seja Undè), para Dã; o terceiro, não se sabe onde, para Ajunsun Sakpata.

No Jeje Modubi cultuam-se os Akututos (Eguns), reinando aí o Vodum Azonsu.

EM LINHAS GERAIS, COMO SE FORMOU O CANDOMBLÉ?

O Culto aos Orixás, pelos africanos no Brasil, tem uma longa história de resistência e sincretismo. Impedidos de cultuar os Orixás, valiam-se de imagens e referências católicas para manter viva a sua fé. Por sua vez, a combinação de cultos que deu origem ao Candomblé, deveu-se ao fato de serem agregados numa mesma propriedade (e, portanto, na mesma senzala), escravos provenientes de diversas nações, com línguas e costumes diferentes, certamente uma estratégia dos senhores brancos para evitar revoltas, além de uma tentativa de fomentar rivalidades entre os próprios africanos. Vale lembrar que em África o culto aos Orixás era segmentado por regiões: cada região cultuava determinado Orixá ou apenas alguns.

Em 1830, algumas mulheres originárias de Ketu, na Nigéria, filiadas à irmandade de Nossa Senhora da Boa Morte, reuniram-se para estabelecer uma forma de culto que preservasse as tradições africanas em solo brasileiro. Reza a tradição e documentos históricos que a reunião aconteceu na antiga Ladeira do Bercô (hoje, Rua Visconde de Itaparica), nas proximidades da Igreja da Barroquinha, em Salvador (BA). Nesse grupo, e com o auxílio do africano Baba-Asiká, destacou-se Íyànàssó Kalá ou Oká (Iya Nassô). Seu òrúnkó no Orixá (nome iniciático) era Íyàmagbó-Olódùmarè.

Para conseguir seu intento, essas mulheres buscaram fundir aspectos diversos de mitologias e liturgias, por exemplo. Uma vez distantes da África, a Ìyá ìlú àiyé èmí (Mãe Pátria Terra da Vida), teriam de adaptar-se ao contexto local, não cultuando necessariamente apenas Orixás locais (caraterísticos de tribos, cidades e famílias específicos), em espaços amplos, como a floresta, cenário de muitas iniciações, porém num espaço previamente estabelecido: a casa de culto. Nessa reprodução em miniatura da África, os Orixás seriam cultuados em conjunto. Nascia o Candomblé.

Ao mesmo tempo que designava as reuniões feitas por escravos com o intuito de louvar os Orixás, a palavra Candomblé também era empregada para toda e qualquer reunião ou festa organizada pelos negros no Brasil. Por essa

22 CANDOMBLÉ: UMA RELIGIÃO ECOLÓGICA

razão, antigos Babás e Iyas evitavam chamar o culto aos Orixás de Candomblé. Em linhas gerais, Candomblé seria uma corruptela de "candonbé" (atabaque tocado pelos negros de Angola) ou viria de "candonbidé" (louvar ou pedir por alguém ou por algo).

Cada grupo com características próprias teológicas, linguísticas e de culto (embora muitas vezes se interpenetrem) ficou conhecido como nação:

- Nação Ketu;
- Nação Angola;
- Nação Jeje;
- Nação Nagô;
- Nação Congo
- Nação Muxicongo;
- Nação Efon

Constituída por grupos que falavam iorubá, dentre eles os de Oyó, Abeokutá, Ijexá, Ebá e Benim, a Nação Ketu também é conhecida como Alaketu.

Os iorubás, guerreando com os jejes, em África, perderam e foram escravizados, vindo mais adiante para o Brasil. Maltratados, foram chamados pelos fons de àanagô (dentre várias acepções, piolhentos, sujos). O termo, com o tempo, modificou-se para nàgó e foi incorporado pelos próprios iorubás como marca de origem e de forma de culto. Em sentido estrito, não há uma nação política chamada nagô.

Em linhas gerais, os Candomblés dos estados da Bahia e do Rio de Janeiro ficaram conhecidos como de Nação Ketu, com raízes iorubanas. Entretanto, existem variações de em cada nação. No caso do Ketu, por exemplo, destacam-se a Nação Efan e a Nação Ijexá. Efan é uma cidade da região de Ijexá, nas proximidades de Oxogbô e do rio Oxum, na Nigéria. A Nação Ijexá é conhecida pela posição de destaque que nela possui o Orixá Oxum, sua rainha.

No caso do Candomblé Jeje, por exemplo, uma variação é o Jeje Mahin, sendo Mahin uma tribo que havia nas proximidades da cidade de Ketu. Quanto às Nações Angola e Congo, seus Candomblés se desenvolveram a partir dos cultos de escravos provenientes dessas regiões africanas.

De fato, a variação e o cruzamento de elementos de Nações não são estanques, como demonstram o Candomblé Nagô-Vodum (o qual sintetiza costumes iorubás e jeje) e o Alaketu (de nação iorubá, também da região de Ketu, tendo como ancestrais da casa Otampé, Ojaró e Odé Akobí).

Quais os primeiros terreiros de Candomblé?

A primeira organização de culto aos Orixás foi a da Barroquinha (Salvador, BA), em 1830, semente do Ilê Axé Iya Nassô Oká, uma vez que foi capitaneado pela própria Iya Nassô, filha de uma escrava liberta que retornou à África. Posteriormente foi transferido para o Engenho Velho, onde ficou conhecido como Casa Branca ou Engenho Velho. Ainda no século XIX, dele originou-se o Candomblé do Gantois e, mais adiante, o Ilê Axé Opô Afonjá.

Entre 1797 e 1818, Nan Agotimé, rainha-mãe de Abomé, teria trazido o culto dos Voduns jejes para a Bahia, levando-os a seguir para São Luís, MA. Traços da presença daomeana teriam permanecido no Bogum, antigo terreiro jeje de Salvador, o qual ostenta, ainda, o vocábulo "malê", bastante curioso, uma vez que o termo refere-se ao negro do Islã. Antes mesmo do Bogum há registros de um terreiro jeje, em 1829, no bairro hoje conhecido como Acupe de Brotas.

Tumbensi é a casa de Angola considerada a mais antiga da Bahia, fundada por Roberto Barros Reis (dijina: Tata Kimbanda Kinunga) por volta de 1850, escravo angolano de propriedade da família Barros Reis, que lhe emprestou o nome pelo qual era conhecido. Após seu falecimento a casa (inzo) passou à liderança de Maria Genoveva do Bonfim, mais conhecida como Maria Neném (dijina: Mam'etu Tuenda UnZambi) gaúcha, filha de Kavungo, considerada a mais importante sacerdotisa do Candomblé Angola. Ela assumiu a chefia da casa por volta dos anos 1909, vindo a falecer em 1945.

Já o Tumba Junçara foi fundado, em 1919 em Acupe, na Rua Campo Grande, Santo Amaro da Purificação, BA, por dois irmãos de esteira:

Manoel Rodrigues do Nascimento (dijina: Kambambe) e Manoel Ciriaco de Jesus (dijina: Ludyamungongo), ambos iniciados em 13 de junho de 1910 por Mam'etu Tuenda UnZambi, Mam'etu Riá N'Kisi do Tumbensi. Kambambe e Ludyamungongo tiveram Sinhá Badá como mãe-pequena e Tio Joaquim como Pai Pequeno. O Tumba Junçara foi transferido para Pitanga, também em Santo Amaro da Purificação, e posteriormente para o Beiru. A seguir foi novamente transferido para a Ladeira do Pepino, 70, e finalmente para Ladeira da Vila América, 2, Travessa 30, Avenida Vasco da Gama (que hoje se chama Vila Colombina), 30, em Vasco da Gama, Salvador (BA). E assim a raiz foi-se espalhando.

O histórico das primeiras casas de Candomblé e outras formas de culto marginalizadas pelo poder constituído (Estado, classes economicamente dominantes, Igreja etc.), como a Umbanda no século XX, assemelha-se pela resistência à repressão institucionalizada e ao preconceito.

QUAL UM DOS MAIORES ÍCONES DO CANDOMBLÉ KETU?

Maria Escolástica da Conceição Nazaré nasceu em Salvador, BA, em 10 de fevereiro de 1894, e aí faleceu em 13 de agosto de 1986). Filha de Oxum, Mãe Menininha do Gantois, como ficou conhecida, foi uma das Ialorixás mais conhecidas da Bahia e do Brasil. O apelido Menininha teria sido dado pelo fato de ser franzina.

Nascida no dia de Santa Escolástica, no Centro Histórico de Salvador (mais precisamente na Rua da Assembleia, entre a Rua do Tira Chapéu e a Rua da Ajuda), seus pais foram Joaquim e Maria da Glória. Quarta Ialorixá do Gantois, sucedeu sua mãe, e foi sucedida por sua filha, Mãe Cleusa Millet, e, mais tarde, por sua outra filha, Carmem. Neta de escravos africanos, ainda criança foi escolhida para comandar o Ilê Iya Omi Axé Iyamassê (nome do terreiro do Gantois), fundado em 1849 por sua bisavó, Maria Júlia da Conceição Nazaré, cujos pais vieram de Abeokutá (sudoeste da Nigéria).

No início, o terreiro funcionava na Barroquinha, na região central de Salvador, transferindo-se para o bairro da Federação, em terreno arrendado aos Gantois (família de origem belga de traficantes de escravos e de proprietários de terras) por Francisco de Nazareth de Eta, marido de Maria Júlia. O terreno oferecia relativa segurança por estar num ponto alto da cidade e cercado por um bosque, o que protegia os rituais do Candomblé numa época de intensa perseguição policial.

Mãe Menininha dançava o Candomblé desde os 06 anos. Aos 08 foi iniciada no Candomblé Keto por sua tia-avó e madrinha de batismo, Pulchéria Maria da Conceição, Mãe Pulchéria, também conhecida como Kekerê por ser Mãe Pequena (Iya Kekerê). Menininha seria sua sucessora no comando do Gantois, o que foi acelerado pela morte repentina de Mãe Pulchéria, em 1918. Enquanto Menininha se preparava para assumir a casa como Ialorixá, num breve período, sua mãe biológica, foi a responsável pela casa. Em 1922, o Oxóssi, Xangô, Oxum e Obaluaê, por meio dos búzios confirmaram a escolha de Menininha, então com 28 anos de idade, para o governo da casa. Nas palavras da própria Mãe Menininha, "Quando os orixás me escolheram, eu não recusei, mas balancei muito para aceitar".

A partir dos anos 30 a perseguição ao Candomblé foi relaxando. Entretanto, uma Lei de Jogos e Costumes exigia autorização policial para os rituais, bem como limitava o horário de término dos mesmos (até às 22h). Nesse contexto, Mãe Menininha foi uma das grandes articuladoras para que restrições e proibições caíssem. A Lei de Jogos e Costumes foi extinta nos anos 70.

Brancos e católicos encontraram o Gantois com as portas abertas. Nas palavras do professor Cid Teixeira, "Como um bispo progressista na Igreja Católica, Menininha modernizou o candomblé sem permitir que ele se transformasse num espetáculo para turistas". Sempre participou de missas e convenceu bispos católicos a permitirem que mulheres do Candomblé comparecessem a igreja paramentadas com suas roupas tradicionais.

Aos 29 anos, casou-se com o advogado Álvaro MacDowell de Oliveira, descendente de escoceses, com quem teve duas filhas, Cleusa e Carmem. A respeito do casamento, relata: "Meu marido, quando me conheceu, sabia que eu era do candomblé A gente viveu em paz porque ele passou a gostar de Candomblé. Mas, quando fui feita Iyalorixá, passamos a morar separados. No meu terreiro, eu e minhas filhas. Marido não. Elas nasceram aqui mesmo".

Faleceu de causas naturais aos 92 anos. A antiga rua da Boa Vista, onde se localiza o terreiro, teve seu nome mudado para Rua Mãe Menininha do Gantois. O quarto de Mãe Menininha foi conservado intacto, com seus objetos pessoais de uso ritualístico. Em 2002 foi criado o Memorial de Mãe Menininha.

Como relato em meu livro "xirê: orikais – canto de amor aos orixás", em minha infância, "eu ouvia fascinado minha mãe cantar os versos de 'Oração à Mãe Menininha': 'ai, minha mãe, minha mãe Menininha', pois achava tão sensível ela chamar a própria mãe, idosa e já desencarnada, de menininha. Não imaginava haver uma ialorixá com esse nome, esse apelido carinhoso. Também minha mãe usava em minha infância perfume de alfazema, aquele mesmo cheiro bom das festas de largo de Salvador que eu frequentaria anos depois, o mesmo com que gosto de perfumar minha Mãe Oxum.". Minha primeira ida ao Gantois se deu depois de várias estadas em Salvador, acompanhado por uma das idealizadoras do Memorial de Mãe Menininha, a restauradora Norma Cardins, a quem muito agradeço e quem costumo chamar de "dona da das ruas da Bahia", pelo acesso que me franqueia a lugares históricos, reservas técnicas de museus, festas e outros. De Norma recebi ainda o exemplar de "Memorial Mãe Menininha do Gantois", rico volume com seleta do acervo do Memorial, com a seguinte dedicatória: "Ele, esse exemplar, foi lançado no quarto dos santos antes do lançamento oficial. Tem, sim, muito Axé.".

QUAL UM DOS MAIORES ÍCONES DO CANDOMBLÉ ANGOLA?

O polêmico João Alves de Torres Filho, mais conhecido como Joãozinho da Gomeia, sacerdote do Candomblé Angola, nasceu em 27 de março de 1914, na cidade de Inhambupe, a 153 Km de Salvador (BA) e morreu em 19 de março de 1971 em São Paulo (SP) durante uma cirurgia para retirada de um tumor cerebral.

Em torno de sua figura, há muitas histórias, com diversas versões, e mesmo algumas lendas. De família católica, chegou a ser coroinha, mas por motivo de saúde, ainda menino, foi iniciado no Candomblé por Pai Severiano Manuel. Com a morte de seu pai-de-santo, passou para o terreiro do Gantois, sob os cuidados de Mãe Menininha, mudando, assim, da Nação Angola para a Nação Ketu. Em 1924, aos 10 anos, contrariando os pais, deixou a casa da família para tentar a sorte em Salvador. Trabalhou num armazém de secos e molhados, onde conheceu e foi apadrinhado por uma senhora do bairro Liberdade, a quem considerava sua madrinha. Ela quem teve a ideia de levar o menino ao terreiro de Severiano Manoel de Abreu, o Jubiabá (nome de seu caboclo), pois Joãozinho sofria de fortes dores de cabeça, para quais não se encontravam nem explicação nem cura. Também dizia ter sonhos com "um homem cheio de penas", o que não o deixava dormir. Tratava-se de seu Caboclo, o Sr. Pedra Preta. Com sua feitura, em 21 de dezembro de 1931, as dores desapareceram, pois, na realidade, eram avisos dos Inquices pedindo a iniciação de Joãozinho.

Alguns dos pontos que sustentam o caráter polêmico da personalidade de Joãozinho da Gomeia: era um jovem babalorixá em meio a ialorixás já senhoras; era de Candomblé Angola numa Salvador predominantemente de cultura e Candomblé Jeje-nagô; incorporava o Caboclo Pedra Preta num momento em que isso não era tão comum e aceito no Candomblé; não escondia o fato de ser homossexual numa sociedade extremamente homofóbica; alisava vaidosamente os cabelos, sem se preocupar com o fato de poder ou não se colocar ferro quente na cabeça de um iniciado no Candomblé; famoso por sua dança, incorporava em público.

Bastante enérgico com seus filhos, seu primeiro terreiro foi no bairro Ladeira de Pedra, mas logo se mudou para a Rua da Gomeia, cujo topônimo adotaria, e onde tocava indiferentemente o Candomblé Angola e o Keto, o que escandalizava ainda mais diversos segmentos. No ano de 1948, para despedir-se de Salvador, promoveu uma festa no Teatro Jandaia, apresentando ao público pagante danças do Candomblé baianos, e mudou-se para o Rio de Janeiro, abrindo casa na Rua General Rondon, 360, em Duque de Caxias, na Baixada Fluminense, onde atendia políticos, artistas, famosos os mais diversos. Tornou-se figura frequente na mídia.

Em 1956 participou do carnaval vestido de mulher. Bastante criticado, defendeu-se evocando o livre-arbítrio e o direito de ter sua vida pessoal. Também participou de espetáculos no Cassino da Urca, onde apresentou as danças dos Orixás, bem como do filme "Copacabana mon amour", onde interpretou um pai-de-santo.

Em 1966 João voltou à Bahia e deu obrigação com Mãe Menininha do Gantois, tirou a mão de Vumbi[1] e comemorou as bodas de prata (depois, no Rio de Janeiro, fez outra festa para os filhos que não puderam acompanhar), conforme relata a Ialorixá Mãe Tolokê de Logunedê. No Gantois, segundo os filhos de Joãozinho, foi o primeiro homem que Mãe Menininha permitiu que vestisse o Orixá e dançasse em público virado no santo (nesse quesito, Mãe Menininha tinha uma série de restrições). Embora continuasse a tocar Angola e Ketu, passou a insistir para que os filhos escolhessem apenas uma Nação.

Falecendo em São Paulo, em 1971, após uma parada cardíaca durante uma cirurgia, seu sepultamento se deu num Cemitério de Duque de Caxias com uma chuva intensa no momento em que o caixão era colocado na sepultura, segundo adeptos das religiões de matriz africanas, sinal de que Iansã recebia seu filho. Vendida a Gomeia do Rio de Janeiro, os assentamentos de Joãozinho foram transferidos para uma nova Gomeia, em Franco da Rocha, SP.

Desde menino frequentou a igreja, sendo amigo de padres e freiras. Devoto de Nossa Senhora Aparecida, declarou: "Não confundam Candomblé com Igreja. Oxalá é Oxalá, e Jesus Cristo é Jesus Cristo".

---

1. "Mão de Vumbe" "Mão de Nvumbe" ou "tirar Mão de Vumbe" é uma cerimônia para "tirar a mão do morto" (direção espiritual) após um ano do Ntambi. Tal cerimônia é voltada para pessoas que foram iniciadas pelo falecido.

O QUE É BATUQUE?

Designação genérica para o Candomblé de rito jeje-nagô no Rio Grande do Sul, com variações regionais.

O QUE É XANGÔ?

Designação genérica para os cultos africanos, notadamente aos Orixás, em Pernambuco, com variações regionais.

Segundo Nei Lopes, Filipe Sabino da Costa (1877-1936), cujo nome iniciático era Opa Uatanan, mais conhecido como Pai Adão, "por seus grandes conhecimentos dos fundamentos rituais e de seu domínio da língua iorubá, é unanimemente considerado a maior personalidade da história do Xangô pernambucano. No início dos anos de 1930, ao receber em Recife a visita do célebre babalaô Martiniano do Bonfim (Ojé Ladê), adaptou em sua honra, uma cantiga de saudação na língua iorubá, a qual, incorporada ao repertório de cânticos rituais dos xangôs recifenses, era ainda bastante cantada na década de 1980.".

O QUE É TAMBOR DE MINA?

Culto afro-brasileiro, de origem jeje, característico principalmente no Estado do Maranhão. O vocábulo "mina" refere-se à origem dos escravos, aprisionados no forte de São Jorge da Mina, de propriedade dos portugueses, na África Ocidental, antes de serem trazidos para o Brasil como escravos.

Na Casa das Minas, em São Luís, MA, os Voduns são cultuados conforme as famílias a que pertençam. Dessa forma, a família de Davice é constituída por Voduns chamados nobres (reis e rainhas) do Daomé. A família de Savaluno é composta de Voduns da região norte do Daomé. Já a família de Dambirá comporta os Voduns da terra, das doenças e da peste. A família de Quevioso e Aladanu, considerada de origem nagô, abarca os Voduns dos raios, dos trovões, do ar e da água.

No tambor-de-mina há também a manifestação dos encantados de diversas origens: caboclos da mata, fidalgos/nobres portugueses e franceses e turcos/mouros.

O QUE É MACUMBA?

Nome genérico e geralmente pejorativo com que se refere às religiões afro-brasileiras, macumba foi também uma manifestação religiosa, no Rio de Janeiro, que em muito se aproximava da cabula. O chefe do culto também era conhecido como embanda, umbanda ou quimbanda, tendo como ajudantes cambonos ou cambones. As iniciadas eram conhecidas ora como filhas-de-santo (influência jeje-nagô), ora como médiuns (influência do espiritismo).

Orixás, Inquices, caboclos e santos católicos eram alinhados em falanges ou linhas, como a da Costa, de Umbanda, de Quimbanda, de Mina, de Cambinda, do congo, do Mar, de Caboclo, Cruzada e outros.

De origem banta, porém com étimo controvertido, macumba poderia advir do quimbundo "macumba", plural de "dikumba", significando "cadeado" ou "fechadura", em referência aos rituais de fechamento de corpo. Ou ainda viria do quicongo "macumba", plural de "kumba", com o sentido de "prodígios", "fatos miraculosos", em referência a cumba, feiticeiro. Com outras raízes etimológicas, no Brasil, o vocábulo designou, ainda, um tipo de reco-reco e um jogo de azar.

Para dissociar-se do sentido pejorativo, o vocábulo macumba tem sido utilizado nas artes em geral com valor positivo. O marco mais recente é o CD "Tecnomacumba", da cantora maranhense Rita Benneditto.

O QUE É CABULA?

Culto religioso afro-brasileiro do século XIX, no Espírito Santo, com rituais ao ar livre e evocações aos espíritos dos antepassados e utilização de vocabulário de origem banta. A reunião, nas florestas ou em casa determinada, era conhecida como mesa, destacando-se a de Santa Bárbara e a de Santa Maria. O chefe da mesa era chamado de embanda, tendo como ajudantes cambones. Os adeptos eram conhecidos como camanás; suas reuniões formavam engiras.

O QUE É CANDOMBLÉ DE CABOCLO?

Modalidade de Candomblé na qual também se trabalha com Caboclos. Durante algum tempo (e ainda hoje, em algumas casas), a participação dos Caboclos é velada, de modo a preservar a "pureza" ritual do Candomblé. Em determinadas casas, além dos chamados Caboclos de Pena, também trabalham os chamados Caboclos Boiadeiros, ou simplesmente Boiadeiros.

O QUE É CATIMBÓ?

Fundindo elementos da pajelança (influência indígena) e de cultos bantos (influência afro), o Catimbó é conhecido pela terapêutica notadamente marcada por passes, defumações, banhos lustrais (de purificação). O catimbó é conduzido por mestres, sendo um dos mais conhecidos o Sr. Zé Pelintra.

O QUE É UMBANDA?

Etimologicamente, Umbanda é vocábulo que decorre do umbundo e do quimbundo, com o significado de "arte de curandeiro", "ciência médica", "medicina". O termo passou a designar, genericamente, o sistema religioso que, dentre outros aspectos, assimilou elementos religiosos afro-brasileiros ao espiritismo urbano (kardecismo).

Quanto ao sentido espiritual e esotérico, Umbanda significa "luz divina" ou "conjunto das leis divinas". A magia branca praticada pela Umbanda remontaria, assim, a outras eras do planeta, sendo denominada pela palavra sagrada Aumpiram, transformada em Aumpram e, finalmente, Umbanda.

De qualquer maneira, houve quem tivesse anotado, durante a incorporação do Caboclo das Sete Encruzilhadas, em 1908, anunciando o nome da nova

CANDOMBLÉ: UMA RELIGIÃO ECOLÓGICA

religião, o nome "Allabanda", substituído por "Aumbanda", em sânscrito, "Deus ao nosso lado" ou "o lado de Deus".

Embora chamada popularmente de religião de matriz africana, na realidade, a Umbanda é um sistema religioso formado de diversas matrizes, com diversos elementos cada:

Matrizes	Elementos mais conhecidos
Africanismo	Culto aos Orixás, trazidos pelos negros escravos, em sua complexidade cultural, espiritual, medicinal, ecológica etc.; culto aos Pretos-Velhos.
Cristianismo	Uso de imagens, orações e símbolos católicos (a despeito de existir uma Teologia de Umbanda, própria e características, algumas casas vão além do sincretismo, utilizando-se mesmo de dogmas católicos).[2]
Indianismo	Pajelança; emprego da sabedoria indígena ancestral em seus aspectos culturais, espirituais, medicinais, ecológicos etc.; culto aos caboclos indígenas ou de pena.
Kardecismo	Estudo dos livros da Doutrina Espírita, bem como de sua vasta bibliografia; manifestação de determinados espíritos e suas egrégoras, mais conhecidas no meio Espírita (como os médicos André Luiz e Bezerra de Menezes); utilização de imagens e bustos de Allan Kardec, Bezerra de Menezes e outros; estudo sistemático da mediunidade; palestras públicas.
Orientalismo	Estudo, compreensão e aplicação de conceitos como prana, chacra e outros; culto à Linha Cigana (que em muitas casas vem, ainda, em linha independente, dissociada da chamada Linha do Oriente).

---

2. Há, por exemplo, casas de Umbanda com fundamentos teológicos próprios, enquanto outras rezam o terço com os mistérios baseados nos dogmas católicos e/ou se utilizam do Credo Católico, onde se afirma a fé na Igreja Católica (conforme indicam Guias, Entidades e a própria etimologia, leia-se "católica" como "universal", isto é, a grande família humana), na Comunhão dos Santos, na ressurreição da carne, dentre outros tópicos da fé católica. Isso em nada invalida a fé, o trabalho dos Orixás, das Entidades, das Egrégoras de Luz formadas pelo espírito, e não pela letra da recitação amorosa e com fé do Credo Católico.

O que é o Culto aos Orixás?

Chamada genericamente de Culto aos Orixás, trata-se de tendência e prática que visa a se aproximar ainda mais das raízes africanas, no que tange ao formato e à organização do culto em si, à liturgia, ao uso de línguas dos antepassados, dentre outros elementos.

O que é o Culto aos Egunguns?

Trata-se do culto aos Ancestrais, os quais têm o merecimento de apresentar-se invocados em forma corporal. Apenas os espíritos devidamente preparados podem ser invocados e materializados.

Nos terreiros devotados aos Egunguns, a invocação dos ancestrais converte-se na essência do culto, e não a invocação dos Orixás, como nos terreiros de Candomblé. O culto aos ancestrais é também o culto ao respeito hierárquico, aos "mais velhos". Os Egunguns abençoam, aconselham, mas não são tocados e permanecem isolados dos encarnados, controlados pelos sacerdotes (ojés). Apresentam-se com vestimentas coloridas, ricas e com símbolos que permitem ao observador identificar sua hierarquia.

Os Egunguns mais antigos são conhecidos como Agbás, manifestam-se envolvidos por muitas tiras coloridas (*abalás*), espelhos e por um tipo de avental (bantê). Os mais jovens são os Aparakás, sem vestimenta e forma definidas. Nesse culto, manifestam-se apenas os ancestrais masculinos, sendo também cuidados apenas por homens[3], embora haja mulheres com funções específicas

---

3. Em contrapartida, as mulheres organizaram-se em sociedades como Geledé, Geledés ou Gueledés. Segundo Nei Lopes, Gueledés são "máscaras outrora usadas no candomblé do Engenho Velho, por ocasião da Festa dos Gueledés, em 8 de dezembro. O nome deriva do iorubá *Gèlèdé*, sociedade secreta feminina que promove cerimônias e rituais semelhantes ao da sociedade Egungum, mas não ligados a ritos funerários, como os daquela. Por extensão, passou a designar as cerimônias e as máscaras antropomorfas esculpidas em madeira. No Brasil, a sociedade funcionou nos mesmos moldes iorubanos e sua última sacerdotisa foi Omoniké, de nome cristão Maria Júlia Figueiredo. Com sua morte, encerram-se as festas anuais, bem como a procissão que se realizava no bairro da Boa Viagem.". A própria Irmandade de Nossa

no culto. Por outro lado, Oyá Igbalé, também conhecida como Iansã Balé, é considerada e respeitada como rainha e mãe dos Egunguns, cultuada, portanto, em assentamento próprio e especial.

O foco do culto aos Egunguns em solo brasileiro seria a Ilha de Itaparica, a partir dos terreiros de Vera Cruz (cuja fundação data de cerca de 1820); da fazenda Mocamdo, em local conhecido como Tuntun; e da Encarnação. Todos esses terreiros são ancestrais do Ilê Agboulá, no Alto da Vela Vista. Já no continente, em Salvador, destacou-se o terreiro do Corta-Braço, na estrada das Boiadas, hoje o bairro da Liberdade.

O que é o Culto a Ifá?

O Culto a Ifá, cujo patrono é Orumilá (símbolo: camaleão), tem crescido no Brasil, havendo diversas casas a ele dedicadas. O sacerdote de Ifá é o Babalaô ("pai do segredo"; não confundir com o babalaô de Umbanda, sinônimo de dirigente espiritual ou babá). O Alabá[4] é o chefe dos Oluôs (o oluô é um grau entre os sacerdotes de Ifá). O iniciante é chamado de Kekereaô-Ifá, tornando-se Omo-Ifá (filho de Ifá) após o chamado pacto.

O sistema divinatório de Ifá, aliás, não se restringe apenas aos búzios, mas abarca outras técnicas, dentre elas os iquines (16 caroços de dendê) e o opelê (corrente fina, aberta em duas, contendo cada parte 4 caroços de dendê).

O que é Quimbanda?

A chamada Linha da Esquerda (em especial na Umbanda) também é conhecida como Quimbanda, o que não dever ser confundido com Quiumbanda, isto é, trabalho de quiumbas, espíritos de vibrações deletérias, que não são os

---

Senhora da Boa Morte, fundamental para a organização do Candomblé tal qual o conhecemos hoje reflete a força do feminino no culto aos Orixás.

4. Alabá é também o sacerdote-chefe da sociedade secreta Egungum, bem como título de honra de algumas autoridades do Candomblé.

Exus e Pombas-Gira trabalhadores da Umbanda e/ou Guardiões de outras tradições religiosas e/ou espirituais. Para diferenciá-los, muitos preferem chamar os Exus e as Pombas-Gira de Umbanda de "Exus batizados".

Essa classificação compreende os seguintes níveis: Exu Pagão (não sabe distinguir o Bem do Mal; contratado para alguma ação maléfica, se apanhado e punido, volta-se contra quem lhe encomendou e pagou o trabalho); Exu Batizado (diferenciam o Bem do Mal, praticam ambos conscientemente e estão a serviço das Entidades, evoluindo na prática do bem, contudo conservando suas forças de cobrança; para muitos, contudo, os Exus Batizados são aqueles que só trabalham para a Luz, agindo em nome dos Orixás, Guias e Entidades). Exu Coroado (por mérito e evolução, podem apresentar-se como elementos da Direita).

Note-se que o vocábulo português "pagão", em sua origem, não tem a acepção negativa de "não-cristão", mas "aquele que vem do campo" (nesse contexto, a Wicca se denomina orgulhosamente religião pagã).

O QUE É CANDOMBLÉ VEGETARIANO?

Modalidade de Candomblé com fundamentos adaptados para o vegetarianismo capitaneada por Iya Senzaruban (Ilê Iya Tunde). Difere do chamado Ketu frio (onde se utilizam elementos animais, mas sem o corte). Embora diversas casas, ao longo de sua história, tenham extinguido o corte de seus fundamentos, a cada de Iya Senzaruban e de seus filhos ganharam notoriedade, inclusive pelo número de críticas feitas pela parcela do Povo de Santo que se posiciona totalmente contrária à abolição do corte no Candomblé.

COMO OS ORIXÁS SÃO CULTUADOS EM OUTROS PAÍSES DA AMÉRICA?

O Culto aos Orixás, Inquices, Voduns e outros espalhou-se e criou formatos próprios em países onde o elemento africano se fixou, notadamente pela

36 CANDOMBLÉ: UMA RELIGIÃO ECOLÓGICA

escravidão. Além do Brasil, o exemplo mais visível (mas não único) é o de Cuba, onde os cultos de origem afro são conhecidos genericamente como *santería*, vocábulo impreciso e "subversivo" como o brasileiro macumba. Por sua vez, a palavra *regla* é popularmente utilizada com o sentido de culto ou religião.

Dessa forma, em Cuba, encontram-se:

Regla de Ocha (origem iorubana/lucumí)	Cultos de Orixás iorubanos, comandada por um obá, com cânticos ao som de tambores batá. Compreende, à parte, a Regla de Ifá.
Regla de Mayombe, Regla de Palo Monte ou Regla de Palo (origem banta/conga)	A Regla de Mayombe é dividida em duas vertentes: mayombe judío, voltado para o mal, e mayombe cristiano.[5] Compreende subdivisões, como Brillumba ou Vryumba, Kimbisa e outras.

Ao lado dessas duas reglas principais, destaca-se também, em especial na província de Matanzas, a Regla Arara ou Arara Daomey.

Em especial, a partir do século XX, diversos países passaram a ter terreiros de Candomblé e Umbanda, cujas raízes, direta ou indiretamente, estão em casas brasileiras.

---

5. Note-se que os termos "judío" e "cristiano" possuem aqui valoração de "negativo" e "positivo", o que precisa ser compreendido no contexto em que os termos foram atribuídos a cada mayombe. Certamente tal distinção, preconceituosa contra os judeus, é hoje revista. Grosso modo, o mesmo ocorre com o vocábulo português "pagão", o qual, em sua origem, não tem a acepção negativa de "não-cristão", mas "aquele que vem do campo" (nesse contexto, a Wicca se denomina orgulhosamente religião pagã).

ORIXÁS

O QUE É ORIXÁ?

A fim de não estender muito o possível debate dialógico, este tópico procurará apresentar a visão geral dos Orixás no e para o Candomblé, o qual difere em diversos aspectos das concepções da Umbanda.

Etimologicamente e em tradução livre, Orixá significa "a divindade que habita a cabeça" (em iorubá, "ori" é cabeça, enquanto "xá", rei, divindade), associado comumente ao diversificado panteão africano, trazido à América pelos negros escravos. Cada Orixá relaciona-se a pontos específicos da natureza, os quais são também pontos de força de sua atuação. O mesmo vale para os chamados quatro elementos: fogo, terra, ar e fogo. Portanto, os Orixás são agentes divinos, verdadeiros ministros da Divindade Suprema (Deus, Princípio Primeiro, Causa Primeira etc.), presentes nas mais diversas culturas e tradições espirituais/religiosas, com nomes e cultos diversos, como os Devas indianos.

Visto que o ser humano e seu corpo estão em estreita relação com o ambiente (o corpo humano em funcionamento contém em si água, ar, componentes associados à terra, além de calor, relacionado ao fogo), seu Orixá pessoal tratará de cuidar para que essa relação seja a mais equilibrada possível. Tal Orixá, Pai ou Mãe de Cabeça, é conhecido comumente como Eledá e será responsável pelas características físicas, emocionais, espirituais etc. de seu filho, de modo a espelhar nele os arquétipos de suas características, encontrados nos mais diversos mitos e lendas dos Orixás. Auxiliarão o Eledá nessa tarefa outros Orixás, conhecidos como Juntós, ou Adjuntós, ou ainda Ossi e Otum, conforme a ordem de influência, e ainda outros. Imolês são os Orixás da criação do mundo.

Na compreensão das relações entre os Orixás, as leituras são múltiplas: há, por exemplo, quem considere Inlé e Ibualama Orixás independentes, enquanto outros os associam como qualidades de Oxóssi. Algo semelhante ocorre, dentre outros, com Airá, ora visto como qualidade de Xangô, ora como Orixá a ele associado, e com Aroni, a serviço de Ossaim, ou seu mentor, ou o próprio Ossaim.

Em África eram conhecidos e cultuados centenas de Orixás.

QUAIS AS PRINCIPAIS CARACTERÍSTICAS DOS ORIXÁS?

Após a apresentação de cada Orixá seguem algumas informações básicas, conforme a lista abaixo. Evidentemente, tais informações variam da Umbanda para o Candomblé, de região para região, de templo para templo.

CARACTERÍSTICAS DOS ORIXÁS

Animais: associados aos Orixás.

Bebidas: as mais comuns, relacionadas a cada Orixá.

Chacras: centros de energia regidos pelo Orixá.

Cor: cores mais características no Candomblé. Há variações, inclusive em relação a qualidades dos Orixás.

Comemoração: data mais comum para a festa do Orixá.

Comidas: as mais comuns na Umbanda (lembrando-se de que, mesmo quando a Umbanda se utiliza de carne, não realiza sacrifícios). As comidas são oferecidas como presentes, agradecimentos, reforço do Axé. Além disso, a Espiritualidade manipula tais elementos para o bem, a defesa, a proteção, o fortalecimento dos indivíduos e da comunidade.

Contas: cores mais características das guias no Candomblé. Há variações, inclusive em relação a qualidades dos Orixás.

Corpo humano e saúde: partes do corpo regidas pelo Orixá ou mais suscetíveis a doenças (somatização de desequilíbrios).

Elemento: o mais característico dentre fogo, água, terra e ar.

Elementos incompatíveis: as chamadas quizilas (Angola) ou euós (iorubá) são energias que destoam das energias dos Orixás, seja no tocante à alimentação, hábitos, cores etc. No caso da Umbanda, as restrições alimentares, de bebidas, cores etc. ocorrem nos dias de gira, em períodos e situações específicas. Fora isso, tudo pode ser consumido, sempre de modo equilibrado.

Ervas: as mais utilizadas (os nomes variam conforme as regiões).

Essências: associadas ao Orixá.

Flores: associadas ao Orixá.

Metal: associado ao Orixá (às vezes, mais de um metal).

Pedras: associadas ao Orixá.

Planeta: astro relacionado ao Orixá (neste item, nem todo astro, segundo a Astronomia, é planeta, contudo essa é a terminologia mais comum nos estudos espiritualistas, esotéricos etc.).

Pontos da natureza: pontos de força regidos pelo Orixá.

Saudação: fórmula de invocação e cumprimento ao Orixá.

Símbolos: verdadeiros ícones que remetem ao Orixá e/ou a suas características.

Sincretismo: conforme as diversas qualidades do Orixá.

QUAIS OS ORIXÁS MAIS CONHECIDOS E CULTUADOS NO CANDOMBLÉ?

Exu, Ogum, Oxóssi, Omulu, Ossaim, Oxumaré, Nanã, Oxum, Obá, Euá, Oyá, Logun-edé, Iemanjá, Xangô e Oxalá.

Essa é a ordem de apresentação geral num xirê (roda de Candomblé). Entretanto, existem, por diversos motivos, variações, havendo consenso de que o xirê se abre com Exu e termina com Oxalá. Por vezes, estão em terra vários Orixás ao mesmo tempo, conforme as relações entre eles (enredos).

Quem é Exu (Legba/Eleguá/Bará)?

Conhecido pelos Fons como Legba ou Legbara, o Exu iorubano é Orixá bastante controvertido e de difícil compreensão, o que, certamente o levou a ser identificado com o Diabo cristão. Responsável pelo transporte das oferendas aos Orixás e também pela comunicação dos mesmos, é, portanto, seu intermediário. Como reza antigo provérbio, "Sem Exu não se faz nada".

Seu arquétipo é o daquele que questiona as regras, para quem nem sempre o certo é certo, ou o errado, errado. Assemelha-se bastante ao Trickster dos indígenas norte-americanos. Seus altares e símbolos são fálicos, pois representa a energia criadora, o vigor da sexualidade.

Responsável pela vigia e guarda das passagens, é aquele que abre e fecha caminhos, ajudando a encontrar meios para o progresso além da segurança do lar e protegendo contra os mais diversos perigos e inimigos.

Características de Exu

Animais: cachorro, galinha preta.

Bebida: cachaça.

Chacra: básico (sacro).

Comemoração: 13 de junho.

Comida: padê.

Contas: pretas e vermelhas.

Cores: preto e vermelho.

Corpo humano e saúde: dores de cabeça relacionadas a problemas no fígado.

Dia da semana: segunda-feira.

Elemento: fogo.

Elementos incompatíveis: comidas brancas, leite, sal.

Ervas: arruda, capim tiririca, hortelã, pimenta, salsa, urtiga.

Flores: cravos vermelhos.

Metal: ferro.

Pedras: granada, ônix, turmalina negra, rubi.

Planeta: Mercúrio.
Pontos da natureza/de força: encruzilhadas, passagens.
Saudação: Laroiê, Exu, Exu Mojubá!
Símbolos: bastão (ogó), tridente.
Sincretismo: Santo Antônio.

QUEM É OGUM?

Filho de Iemanjá, irmão de Exu e Oxóssi, deu a este último suas armas de caçador, Orixá do sangue que sustenta o corpo, da espada, da forja e do ferro, é padroeiro daqueles que manejam ferramentas, tais como barbeiros, ferreiros, maquinistas de trem, mecânicos, motoristas de caminhão, soldados e outros. Patrono dos conhecimentos práticos e da tecnologia, simboliza a ação criadora do homem sobre a natureza, a inovação, a abertura de caminhos em geral. Foi casado com Iansã e posteriormente com Oxum, entretanto vive só, pelas estradas, lutando e abrindo caminhos.

Senhor dos caminhos (isto é, das ligações entre lugares, enquanto Exu é o dono das encruzilhadas, do tráfego em si) e das estradas de ferro, protege, ainda, as portas de casas e templos. Sendo senhor da faca, suas oferendas rituais vêm logo após as de Exu. Vale lembrar que, tradicionalmente, o Ogã de faca, responsável pelo corte (sacrifício animal), chamado Axogum, deve preferencialmente ser filho de Ogum.

Responsável pela aplicação da Lei, é vigilante, marcial, atento.

CARACTERÍSTICAS DE OGUM

Animais: cachorro, galo vermelho.
Bebida: cerveja branca.
Chacra: umbilical.
Comemoração: 23 de abril.
Comidas: cará, feijão mulatinho com camarão e dendê, manga espada.
Contas: contas e firmas azuis leitosas.
Cores: azul rei, verde.

Corpo humano e saúde: sistema nervoso, mãos, pulso, sangue.

Dia da semana: terça-feira.

Elemento: fogo.

Elemento incompatível: quiabo.

Ervas: peregum verde, são-gonçalinho, quitoco, mariô, lança-de-ogum, co-roa-de-ogum, espada-de-ogum, canela-de-macaco, erva-grossa, parietária, nutamba, alfavaquinha, bredo, cipó-chumbo.

Essências: violeta.

Flores: cravos, crista de galo, palmas vermelhas.

Metal: ferro, aço e manganês.

Pedras: granada, rubi, sardio, lápis-lazúli, topázio azul.

Planeta: Marte.

Pontos da natureza/de força: estradas e caminhos, estradas de ferro, meio da encruzilhada.

Saudação: Ogum iê!

Símbolos: espada, ferramentas, ferradura, escudo, lança.

Sincretismo: São Jorge, Santo Antônio.

QUEM É OXÓSSI (ODÉ)?

Irmão de Exu e Ogum, filho de Oxalá e Iemanjá (ou, em outras lendas, de Apaoka, a jaqueira), rei de Ketu, Orixá da caça e da fartura. Associado ao frio, à noite e à lua, suas plantas são refrescantes. Ligado à floresta, à árvore, aos antepassados, Oxóssi, enquanto caçador, ensina o equilíbrio ecológico, e não o aspecto predatório da relação do homem com a natureza, a concentração, a determinação e a paciência necessárias para a vida ao ar livre.

Rege a lavoura e a agricultura. No âmbito espiritual, Oxóssi caça os espíritos perdidos, buscando trazê-los para a Luz. Sábio mestre e professor, representa a sabedoria e o conhecimento espiritual, com os quais alimenta os filhos, fortificando-os na fé.

Patrono do Candomblé Ketu.

Características de Oxóssi

Animais: javali, tatu, veado e qualquer tipo de caça.

Bebida: água de coco, aluá, caldo de cana, vinho tinto.

Chacra: esplênico.

Comemoração: 20 de janeiro.

Comidas: axoxó (feito com milho cozido e fatias de coco), carne de caça, frutas.

Contas: verdes leitosas, azul turquesa, azul claro.

Cores: verde, azul celeste claro.

Corpo humano e saúde: aparelho respiratório.

Elemento: terra.

Elementos incompatíveis: cabeça de bicho (em cortes ou alimentos), mel, ovo.

Ervas: alecrim, guiné, vence-demanda, abre-caminho, peregum verde, taioba, espinheira-santa, jurema, jureminha, mangueira, desata-nó, erva-de-Oxóssi, erva-da-jurema.

Essência: alecrim.

Flores: flores do campo.

Metal: bronze, latão.

Pedras: amazonita, esmeralda, calcita verde, quartzo verde, turquesa.

Planeta: Vênus.

Qualidades: Ibualama (fundamento com Obaluaê); Aquerã (fundamento com Ogum); Danadana (fundamento com Oxumarê); Mutalambô (fundamento com Exu); Gongobila (fundamento com Oxalá e Oxum).

Pontos da natureza: matas.

Saudação: Okê Arô!

Símbolos: arco e flecha (ofá).

Sincretismo: São Sebastião, São Jorge.

Quem é Obaluaê (Omulu, Xapanã, Sapatá)?

Obaluaê, com as variações de Obaluaê e Abaluaiê (em especial na Umbanda), tem culto originário no Daomé. Filho de Nanã, irmão de Iroco e Oxumarê,

CANDOMBLÉ: UMA RELIGIÃO ECOLÓGICA

tem o corpo e o rosto cobertos por palha da costa, a fim de esconder as marcas da varíola, ou sendo outras lendas, por ter o brilho do próprio sol, e não poder ser olhado de frente. Foi criado por Iemanjá, pois Nanã o rejeitara por ser feio, manco e com o corpo coberto de feridas.

Orixá responsável pelas passagens, de plano para plano, de dimensão para dimensão, da carne para o espírito, do espírito para a carne. Relaciona-se com a saúde e a doença, possuindo estreita ligação com a morte. Enquanto sua mãe se responsabiliza pela decantação dos espíritos que reencarnarão, Obaluaê estabelece o cordão energético que une espírito e feto, que a ser recebido no útero materno assim que tiver o desenvolvimento celular básico, vale dizer, o dos órgãos físicos. Em linhas gerais, Obaluaê é a forma mais velha do Orixá, enquanto Omulu é sua versão mais jovem, embora para a maioria as figuras e os arquétipos sejam idênticos.

Conhecido como médico dos pobres, com seu xaxará (feixe de piaçavas ou maço de palha-da-costa, enfeitado com búzios e miçangas), afasta as enfermidades, trazendo a cura. Também é o guardião das almas que ainda não se libertaram do corpo físico e senhor da calunga (cemitério). Os falangeiros do Orixá são os responsáveis por desligar o chamado cordão de prata (fios de agregação astral-físicos), responsável pela ligação entre o perispírito e o corpo carnal. Atuam em locais de manifestação do pré e do pós-morte, tais como hospitais, necrotérios e outros, com vistas a não permitir que espíritos vampirizadores se alimentem do duplo etérico dos desencarnados ou dos que estão próximos do desencarne. Além disso, auxiliam os profissionais da área da saúde, de terapias holísticas e afins, bem como aliviam as dores dos que padecem.

CARACTERÍSTICAS DE OBALUAÊ

Animais: cachorro, caranguejo, galinha-de-angola, peixes de couro.
Bebidas: água mineral, vinho tinto.
Chacra: básico.
Comemoração: 16 de agosto (São Roque), 17 de dezembro (São Lázaro).
Comidas: feijão preto, carne de porco, deburu, abado, latipá, iberém.

Contas: contas e miçangas brancas e pretas leitosas.

Cores: preto e branco.

Corpo humano e saúde: todas as partes do corpo.

Dia da semana: segunda-feira.

Elemento: terra.

Elementos incompatíveis: claridade, sapo.

Ervas: canela-de-velho, erva-de-bicho, erva-de-passarinho, barba-de-milho, barba-de-velho, cinco-chagas, fortuna, hera.

Essências: cravo, menta.

Flores: monsenhor branco.

Metal: chumbo.

Pedras: obsidiana, olho-de-gato, ônix.

Planeta: Saturno.

Pontos da natureza/de força: cemitérios, grutas, praia.

Saudação: Atotô!

Símbolos: cruz, cruzeiro.

Sincretismo: São Roque, São Lázaro.

QUEM É OSSAIM?

Também conhecido como Ossãe ou Ossanha, em algumas casas é cultuado como iabá (Orixá feminino). Alguns segmentos umbandistas trabalham com Ossaim, enquanto elemento masculino, e Ossanha, como elemento feminino. Orixá das plantas e das folhas, presentes em nas mais diversas manifestações do culto aos Orixás, é, portanto, fundamental. Célebre provérbio dos terreiros afirma "Ko si ewé, ko si Orisà", o que, em tradução livre do iorubá significa "Sem folhas não há Orixá".

Juntamente com Oxóssi, rege as florestas e é senhor dos segredos medicinais e magísticos do verde. Representa a sabedoria milenar pré-civilizatória, a relação simbiótica do homem com a natureza, em especial com o verde.

Características de Ossaim

Animais: pássaros.

Bebidas: sucos de frutas.

Comemoração: 05 de outubro.

Comidas: abacate, banana frita, bolos de feijão e arroz, canjiquinha, milho cozido com amendoim torrado, inhame, pamonha, farofa de fubá.

Contas: contas e miçangas verdes e brancas.

Cores: verde e branco.

Corpo humano e saúde: artrite, problemas ósseos, reumatismo.

Dia da semana: quinta-feira.

Elemento: terra.

Elementos incompatíveis: ventania, jiló.

Ervas: manacá, quebra-pedra, mamona, pitanga, jurubeba, coqueiro, café.

Flores: flores do campo.

Metais: estanho, latão.

Pedras: amazonita, esmeralda, morganita, turmalina verde e rosa.

Pontos da natureza: clareiras das matas.

Saudação: Eue ó!

Símbolos: ferro com sete pontas, com um pássaro na ponta central (representação de uma árvore de sete ramos, com um pássaro pousado nela).

Sincretismo: São Benedito.

Quem é Oxumaré?

Filho mais novo e preferido de Nanã, Oxumarê participou da criação do mundo, enrolando-se ao redor da terra, reunindo a matéria, enfim, dando forma ao mundo. Desenhou vales e rios, rastejando mundo afora. Responsável pela sustentação do mundo, controla o movimento dos astros e oceanos. Representa o movimento, a fertilidade, o continuum da vida: Oxumarê é a cobra que morde a própria cauda, num ciclo constante.

Oxumarê carrega as águas dos mares para o céu, para a formação das chuvas. É o arco-íris, a grande cobra colorida. Também é associado ao cordão umbilical, pois viabiliza a comunicação entre os homens, o mundo dito sobrenatural e os antepassados. Na comunicação entre céu e terra, entre homem e espiritualidade/ancestralidade, mais uma vez se observa a ideia de ciclo contínuo representada pelo Orixá, a síntese dialética entre opostos complementares.

Nos seis meses em que assume a forma masculina, tem-se a regulagem entre chuvas e estiagem, uma vez que, enquanto o arco-íris brilha, não chove. Por outro lado, o próprio arco-íris indica as chuvas em potencial, prova de que as águas estão sendo levadas para o céu para formarem novas nuvens. Já nos seis meses em que assume a porção feminina, tem-se a cobra a rastejar com agilidade, tanto na terra quanto na água.

Por evocar a renovação constante, pode, por exemplo, diluir a paixão e o ciúme em situações onde o amor (irradiação de Oxum) perdeu terreno. Nesse mesmo sentido, pode também diluir a religiosidade fixada na mente de alguém, conduzindo-o a outro caminho religioso/espiritual que o auxiliará na senda evolutiva.

Em determinados segmentos e casas de Umbanda, Oxumaré aparece como uma qualidade do Orixá Oxum.

CARACTERÍSTICAS DE OXUMARÉ

Animal: cobra.

Bebida: água mineral.

Chacra: laríngeo.

Comemoração: 24 de agosto.

Comidas: batata doce em formato de cobra, bertalha com ovos.

Contas: verde e amarelas.

Cores: verde e amarelo, cores do arco-íris.

Corpo humano e saúde: pressão baixa, vertigens, problemas de nervos, problemas alérgicos.

Dia da semana: terça-feira.

Elemento: água.

Elementos incompatíveis: água salgada, sal.

Ervas: colônia, macaçá, oriri, santa-luzia, oripepê, pingo-d´água, agrião, dinheiro-em-penca, manjericão branco, calêndula, narciso, vassourinha (menos para banho), erva-de-santa-luzia (menos para banho), jasmim (menos para banho).

Flores: amarelas.

Metal: latão (ouro e prata misturados).

Pedras: ágata, diamante, esmeralda, topázio.

Pontos da natureza: próximo de quedas de cachoeiras.

Saudação: Arribobô!

Símbolos: arco-íris, cobra.

Sincretismo: São Bartolomeu.

QUEM É NANÃ?

Associada às águas paradas e à lama dos pântanos, Nanã é a decana dos Orixás. De origem daomeana, incorporada ao panteão iorubá, foi a primeira esposa de Oxalá, tendo com ele três filhos: Iroko (ou Tempo), Obaluaê (ou Omulu) e Oxumarê.

Senhora da vida (lama primordial) e da morte (dissolução do corpo físico na terra), seu símbolo é o ibiri, feixe de ramos de folha de palmeiras, com a ponta curvada e enfeitado com búzios. Segundo a mitologia dos Orixás, trata-se do único Orixá a não ter reconhecido a soberania de Ogum por ser o senhor dos metais: por isso, nos Cultos de Nação, o corte (sacrifício de animais) feito à Nanã nunca é feito com faca de metal. Presente na chuva e na garoa: banhar-se com as águas da chuva é banhar-se no e com o elemento de Nanã.

No tocante à reencarnação, envolve o espírito numa irradiação única, diluindo os acúmulos energéticos e adormecendo sua memória, de modo a ingressar na nova vida sem se lembrar das anteriores. Representa, ainda, a menopausa, enquanto Oxum estimula a sexualidade feminina e Iemanjá, a maternidade.

Nanã rege a maturidade, bem como atua no racional dos seres.

Características de Nanã

Animais: cabra, galinha e pata brancas.

Bebida: champanhe.

Chacras: frontal e cervical.

Comemoração: 26 de julho (Sant'Ana).

Comidas: aberum (milho torrado e pilado), feijão preto com purê de batata doce, mungunzá (canjica).

Contas: contas, firmas e miçangas de cristal lilás.

Cores: roxo ou lilás, branco e azul.

Corpo humano e saúde: dor de cabeça e problemas intestinais.

Dias da semana: sábado, segunda-feira.

Elemento: água.

Elementos incompatíveis: lâminas, multidões.

Ervas: manjericão roxo, ipê roxo, colônia, folha-da-quaresma, erva-de-passarinho, dama-da-noite, canela-de-velho, salsa-da-praia, manacá.

Essências: dália, limão, lírio, narciso, orquídea.

Flores: roxas.

Metais: latão, níquel.

Pedras: ametista, cacoxenita, tanzanita.

Planetas: Lua e Mercúrio.

Pontos da natureza/de firmeza: águas profundas, cemitérios, lama, lagos, pântanos.

Saudação: Saluba, Nanã!

Símbolos: chuva, ibiri.

Sincretismo: Sant'Ana.

Quem é Oxum?

Orixá do feminino, da feminilidade, da fertilidade, ligada ao rio Oxum, em especial em Oxogbô, em Ijexá (Nigéria). Senhora das águas doces, dos rios, das águas quase paradas das lagoas não pantanosas, das cachoeiras e, em algumas qualidades, também da beira-mar. Perfumes, joias, colares, pulseiras, espelho alimentam sua graça e beleza.

Filha predileta de Oxalá e de Iemanjá, foi esposa de Oxóssi, de Ogum e, posteriormente, de Xangô (segunda esposa). Senhora do ouro (na África, cobre), das riquezas, do amor. Orixá da fertilidade, da maternidade, do ventre feminino, a ela se associam as crianças. Nas lendas em torno de Oxum, a menstruação, a maternidade, a fertilidade, enfim, tudo o que se relaciona ao universo feminino, é valorizado. Entre os iorubás, tem o título de Ialodê (senhora, "lady"), comandando as mulheres, arbitrando litígios e responsabilizando-se pela ordem na feira.

No jogo dos búzios, é ela quem formula as perguntas, respondidas por Exu. Os filhos de Oxum costumam ter boa comunicação, inclusive no que tange a presságios. Oxum, Orixá do amor, favorece a riqueza espiritual e material, além de estimular sentimentos como amor, fraternidade e união.

Patrona da Nação Ijexá.

CARACTERÍSTICAS DE OXUM

Animal: pomba rola.

Bebida: champanhe.

Chacra: umbilical.

Comemoração: 8 de dezembro.

Comidas: banana frita, ipeté (prato à base de inhame), omolocum (prato à base de feijão fradinho), moqueca de peixe e pirão (com cabeça de peixe), quindim.

Contas: amarelo.

Cores: amarelo, azul, rosa e outras.

Corpo humano e saúde: coração e órgãos reprodutores femininos.

Dia da semana: sábado.

Elemento: água.

Elementos incompatíveis: abacaxi, barata.

Ervas: colônia, macaçá, oriri, santa-luzia, oripepê, pingo-d´água, agrião, dinheiro-em-penca, manjericão branco, calêndula, narciso, vassourinha (menos para banho), erva-de-santa-luzia (menos para banho), jasmim (menos para banho).

Essências: lírio, rosa.

Flores: lírio, rosa amarela.

Metal: ouro.

Pedras: topázio (azul e amarelo).

Planetas: Vênus, Lua.

Pontos da natureza: cachoeira e rios.

Saudação: Ora ye ye o! A ie ie u!

Símbolos: Cachoeira, coração.

Sincretismo: Nossa Senhora Aparecida, Nossa Senhora das Cabeças, Nossa Senhora da Conceição, Nossa Senhora de Fátima, Nossa Senhora de Lourdes, Nossa Senhora de Nazaré.

Quem é Obá?

Orixá do rio Níger, irmã de Iansã, é a terceira e mais velha das esposas de Xangô. Alguns a cultuam como um aspecto feminino de Xangô.

É ainda prima de Euá, a quem se assemelha em muitos aspectos. Nas festas da fogueira de Xangô, leva as brasas para seu reino (símbolo do devotamento, da lealdade ao marido).

Guerreira e pouco feminina, quando repudiada pelo marido, rondava o palácio com a intenção de a ele retornar.

Características de Obá

Animal: galinha-de-angola.

Bebida: champanhe.

Comemoração: 30 de maio.

Comidas: abará, acarajé e quiabo picado.

Contas: vermelhas e amarelas.

Cores: vermelha, marrom rajada.

Corpo humano e saúde: audição, garganta, orelhas.

Dia da semana: quarta-feira.

Elemento: fogo.

Elementos incompatíveis: peixe de água doce, sopa.

Ervas: candeia, nega-mina, folha-de-amendoeira, ipomeia, mangueira, man-jericão, rosa branca.

Metal: cobre.

Pedras: coral, esmeralda, marfim, olho-de-leopardo.

Pontos da natureza: rios de águas revoltas.

Saudação: Obá xirê!

Símbolos: espada (ofangi) e escudo de cobre.

Sincretismo: Santa Joana d'Arc.

QUEM É EUÁ?

Divindade do rio Yewa, também conhecida como Iya Wa, considerada a dona do mundo e dos horizontes, ligada às águas e, por vezes, associada à fertilidade. Em algumas lendas aparece como esposa de Obaluaê/Omulu. Já em outras, é esposa de Oxumarê, relacionada à faixa branca do arco-íris (seria a metade feminina desse Orixá).

Protetora das virgens, tem o poder da vidência, sendo senhora do céu estrelado. Por vezes é confundida com Iansã, Oxum e mesmo Iemanjá. Além do arpão, seu símbolo mais conhecido, pode também carregar um ofá (arco e flecha) dourado, uma espingarda ou uma serpente de metal. Também é simbolizada pelo raio de sol. pela neve e pelas palmeiras em formato de leque.

CARACTERÍSTICAS DE EUÁ

Animais: sabiá.

Bebida: champanhe.

Comemoração: 13 de dezembro.

Contas: vermelho escuro.

Cor: carmim.

Corpo humano e saúde: problemas intestinais e respiratórios.

Dia da semana: sábado.

Elemento: água

Elementos incompatíveis: aranha, galinha, teia de aranha.

Ervas: arrozinho, baronesa (alga), golfão.

Flores: flores brancas e vermelhas.

Metais: cobre, ouro, prata.

Pontos da natureza: linha do horizonte, recebendo entregas em rios e lagos.

Saudação: Rirró!

Símbolo: arpão.

Sincretismo: Nossa Senhora das Neves, Santa Luzia.

QUEM É OYÁ (IANSÃ)?

Orixá guerreiro, senhora dos ventos, das tempestades, dos trovões e também dos espíritos desencarnados (eguns), conduzindo-os para outros planos, ao lado de Obaluaê. Divindade do rio Níger, ou Oya, é sensual, representando o arrebatamento, a paixão. De temperamento forte, foi esposa de Ogum, e depois a mais importante esposa de Xangô (ambos tendo o fogo como elemento afim). Irrequieta e impetuosa, é a senhora do movimento e, em algumas casas, também a dona do teto da própria casa.

Uma de suas funções espirituais é trabalhar a consciência dos desencarnados que estão à margem da Lei, para, então, poder encaminhá-los a outra linha de evolução.

CARACTERÍSTICAS DE OYÁ

Animais: borboleta (inseto), cabra amarela, coruja rajada.

Bebida: champanhe.

Chacras: cardíaco e frontal.

Comemoração: 4 de dezembro (Santa Bárbara).

Comidas: acarajé, ipeté, bobó de inhame.

Contas: coral, bordô, vermelho.

Cor: coral.

Corpo humano e saúde: olhos e sistema digestivo.

Dia da semana: quarta-feira.

Elemento: fogo.

Elementos incompatíveis: abóbora, rato.

Ervas: cana-do-brejo, erva-prata, espada-de-iansã, folha-de-louro (menos para banho), erva-de-santa-bárbara, folha-de-fogo, colônia, mitanlea, folha da canela, peregum amarelo, catinga-de-mulata, parietária, para-raio.

Essências: patchouli.

Flores: amarelas ou corais.

Metal: cobre.

Pedras: coral, cornalina, granada, rubi.

Planetas: Júpiter, Lua.

Ponto da natureza: bambuzal.

Saudação: Eparrei!

Símbolos: iruquerê, raio.

Sincretismo: Santa Bárbara, Santa Joana d'Arc.

QUEM É LOGUN-EDÉ?

Filho de Oxum e Oxóssi, vive metade do ano na água (como mulher) e a outra metade no mato (como homem). Em seu aspecto feminino, usa saia cor-de-rosa e coroa de metal, assim como um espelho. Em seu aspecto masculino, capacete de metal, arco e flecha, capangas e espada. Veste sempre cores claras. Sua origem é ijexá (Nigéria).

Príncipe dos Orixás, combina a astúcia dos caçadores com a paciência dos pescadores. Seus pontos de força na natureza compreendem barrancas, beiras de rios, vapor fino sobre as lagoas que se espraia pela mata nos dias quentes. Vivencia plenamente os dois reinos, o das águas e das matas.

Por seu traço infantil e hermafrodita, nunca se casou, preferindo a companhia de Euá, que, assim como Logun-Edé, vive solitária e nos extremos de mundos diferentes. Solidário, preocupa-se com os que nada têm, empático com seus sofrimentos, distribuindo para eles caça e riqueza.

CARACTERÍSTICAS DE LOGUN-EDÉ

Animal: cavalo-marinho.

Bebida: as mesmas de Oxum e Oxóssi.

Comemoração: 19 de abril.

Comidas: as mesmas de Oxum e Oxóssi.

Contas: contas e miçangas de cristal azul celeste e amarelo.

Cores: azul celeste com amarelo.

Corpo humano e saúde: órgãos localizados na cabeça e problemas respiratórios.

Elemento: água e terra.

Elementos incompatíveis: abacaxi, cabeça de bicho, cores vermelha ou marrom.

Ervas: as mesmas de Oxum e Oxóssi.

Essências: alecrim, lírio e rosa e flores do campo.

Flores: lírio, rosa amarela.

Metais: latão e ouro.

Pedras: turquesa, topázio.

Pontos da natureza: margens dos rios nas matas.

Saudação: Lossi lossi!

Símbolos: abebê (espelho) e ofá (arco e flecha).

Sincretismo: Santo Expedito.

QUEM É IEMANJÁ?

Considerada a mãe dos Orixás, divindade dos Egbé, da nação Iorubá está ligada ao rio Yemojá. No Brasil, é a rainha das águas e dos mares. Protetora de pescadores e jangadeiros, suas festas são muito populares no país, tanto no Candomblé quanto na Umbanda, especialmente no extenso litoral brasileiro.

CANDOMBLÉ: UMA RELIGIÃO ECOLÓGICA

Senhora dos mares, das marés, da onda, da ressaca, dos maremotos, da pesca, da vida marinha em geral.

Conhecida como Deusa das Pérolas, é o Orixá que apara a cabeça dos bebês na hora do nascimento. Rege os lares, as casas, as uniões, as festas de casamento, as comemorações familiares. Responsável pela união e pelo sentido de família, seja por laços consanguíneos ou não.

CARACTERÍSTICAS DE IEMANJÁ

Animais: peixe, cabra branca, pata ou galinha branca.

Bebida: água mineral, champanhe.

Chacra: frontal.

Comemoração: 2 de fevereiro, 8 de dezembro, 15 de agosto.

Comidas: arroz, canjica, camarão, mamão, manjar, peixe.

Contas: contas e miçangas de cristal, com firmas em cristal.

Cores: branco, azul claro, rosa claro, verde claro.

Corpo humano e saúde: psiquismo, sistema nervoso.

Dia da semana: sábado.

Elemento: água.

Elementos incompatíveis: poeira, sapo.

Ervas: colônia, pata-de-vaca, embaúba, abebê, jarrinha, golfo, rama-de-leite.

Essências: jasmim, rosa branca, crisântemo, orquídea.

Flores: rosas brancas, palmas brancas, angélicas, orquídeas e crisântemos brancos.

Metal: prata.

Pedras: água marinha, calcedônia, lápis-lazúli, pérola, turquesa.

Planeta: Lua.

Ponto da natureza: mar.

Saudações: Odoya! Odofiaba!

Símbolos: lua minguante, ondas, peixes.

Sincretismo: Nossa Senhora das Candeias, Nossa Senhora da Glória, Nossa Senhora dos Navegantes.

Quem é Xangô?

Um dos Orixás mais populares no Brasil, provavelmente por ter sido a primeira divindade iorubana a chegar às terras brasileiras, juntamente com os escravos. Além disso, especialmente em Pernambuco e Alagoas, o culto aos Orixás recebe o nome genérico de Xangô, donde se deriva também a expressão Xangô de Caboclo para designar o chamado Candomblé de Caboclo.

Orixá da Justiça, o Xangô mítico-histórico teria sido um grande rei (alafin) de Oyó (Nigéria) após ter destronado seu irmão Dadá-Ajaká. Na teogonia iorubana, é filho de Oxalá e Iemanjá. Representa a decisão, a concretização, a vontade, a iniciativa e, sobretudo, a justiça (que não deve ser confundida com vingança). Xangô é o articulador político, presente na vida pública (lideranças, sindicatos, poder político, fóruns, delegacias etc.). Também Orixá que representa a vida, a sensualidade, a paixão, a virilidade. Seu machado bipene, o oxê, é símbolo da justiça (todo fato tem, ao menos, dois lados, duas versões, que devem ser pesadas, avaliadas).

Teve como esposas Obá, Oxum e Iansã.

Características de Xangô

Animais: tartaruga, cágado, carneiro.

Bebida: cerveja preta.

Chacra: cardíaco.

Comemoração: 30 de setembro (São Jerônimo)

Comidas: agebô (prato à base de quiabo), amalá (também à base de quiabo).

Contas: branco e vermelho.

Cores: branco e vermelho, marrom.

Corpo humano e saúde: fígado e vesícula.

Dia da semana: quarta-feira.

Elemento: fogo.

Elementos incompatíveis: caranguejo e doenças.

Ervas: erva-de-são-joão, erva-de-santa-maria, beti-cheiroso, nega-mina, alevante, cordão-de-frade, jarrinha, erva-de-bicho, erva-tostão, caruru, para-raio, umbaúba.

Essências: cravo (a flor).

Flores: cravos brancos e vermelhos.

Metal: estanho.

Pedras: jaspe, meteorito, pirita.

Planeta: Júpiter.

Ponto da natureza: pedreira.

Saudação: Kaô Cabecilê!

Símbolos: machado.

Sincretismo: Moisés, Santo Antônio, São Jerônimo, São João Batista, São José, São Pedro.

Quem é Oxalá (Obatalá/Orinxalá)?

Orixá maior, responsável pela criação do mundo e do homem. Pai de todos os demais Orixás, Oxalá (Orinxalá ou Obatalá) foi quem deu ao homem o livre-arbítrio para trilhar seu próprio caminho.

Possui duas qualidades básicas: Oxalufã (o Oxalá velho) e Oxaguiã (o Oxalá novo). Enquanto o primeiro é sincretizado com Deus Pai cristão, o segundo encontra correspondência com Jesus Cristo e, de modo especial, com Nosso Senhor do Bonfim. Também há uma correlação entre Oxalá e Jesus menino, daí a importância especial da festa do Natal para algumas casas.

Oxalá representa a sabedoria, a serenidade, a pureza do branco (o funfun), o respeito.

Características de Oxalá

Animais: caramujo, pombo branco.

Bebida: água, água de coco.

Chacra: coronário.

Comemoração: festa do Senhor do Bonfim.

Comidas: canjica, arroz-doce.

Contas: brancas leitosas.

Cor: branco.

Corpo humano e saúde: todo o corpo, em especial o aspecto psíquico.

Dias da semana: sexta-feira e domingo.

Elemento: ar.

Elementos incompatíveis: bebida alcoólica, dendê, sal, vermelho.

Ervas: a mais conhecida talvez seja o tapete-de-oxalá (boldo).

Essências: aloés, laranjeira e lírio.

Flores: brancas, especialmente o lírio.

Metal: ouro (para alguns, prata).

Pedras: brilhante, cristal de rocha, quartzo leitoso.

Planeta: Sol.

Pontos da natureza: praia deserta ou colina descampada.

Saudação: Epa Babá!

Símbolo: opaxorô (cajado metálico de Oxalufá, com discos prateados paralelos em cujas bordas são colocados pequenos objetos simbólicos).

Sincretismo: Deus Pai, Jesus Cristo (em especial, Senhor do Bonfim).

QUAL UM DOS MAIS CONHECIDOS RELATOS MITOLÓGICOS AFRICANO SOBRE EXU?

Exu vagava pelo mundo, sem destino, sem se fixar em lugar nenhum ou exercer alguma profissão. Simplesmente ia de um canto a outro. Um dia começou a ir a casa de Oxalá, onde passava o tempo a observar o velho Orixá a fabricar os seres humanos.

Outros visitavam Oxalá, ficavam alguns dias, mas nada aprendiam, apenas admiravam a obra de Oxalá, entregando-lhe oferendas. Por sua vez, Exu ficou dezesseis anos na casa de Oxalá, ajudando e aprendendo como se fabricavam os humanos, observando, atento, sem nada perguntar.

Como o número de humanos para fazer só aumentava, Oxalá pediu a Exu para ficar na encruzilhada por onde passavam os visitantes, não permitindo que passassem os que nada trouxessem ao velho Orixá. Exu, então, recolhia as oferendas e entregava a Oxalá, que resolveu recompensá-lo, de modo que todo visitante deveria também deixar algo para Exu.

Exu se fixou de vez como guardião de Oxalá, fez sua casa na encruzilhada e prosperou.

QUAL UM DOS MAIS CONHECIDOS RELATOS MITOLÓGICOS AFRICANO SOBRE OGUM?

Temível guerreiro, Ogum partiu para a guerra. Quando retornou a Irê, a população estava num ritual em que se devia guardar silêncio. Por isso, ninguém saudou Ogum, que, indignado, começou a matar os próprios súditos.

Finda a cerimônia e, portanto, o silêncio ritual, o filho de Ogum e outros súditos vieram prestar homenagens ao rei, celebrando suas vitórias. Contudo, Ogum estava inconsolável, passava os dias atormentado pela culpa.

Ogum, então, cravou sua espada no chão, que se abriu, tragando-o. Pronto: estava no Orum, a morada dos deuses. Havia se tornado Orixá.

QUAL UM DOS MAIS CONHECIDOS RELATOS MITOLÓGICOS AFRICANO SOBRE OXÓSSI?

Na comemoração anual da colheita de inhames, um grande pássaro pousou no telhado do palácio, assustando a todos. O pássaro havia sido enviado pelas mães ancestrais, que não haviam sido convidadas.

Para abater a ave, o rei chamou os melhores caçadores do reino, dentre eles Oxotogum, o caçador das vinte flechas; Oxotogi, o caçador das quarenta flechas; Oxotadotá, o caçador das cinquenta flechas. Todos erraram o alvo e foram aprisionados pelo rei.

ORIXÁS

Então, Oxotocanxoxô, o caçador de uma flecha só, auxiliado por um ebó votivo para as mães ancestrais/feiticeiras, sugerido por um babalaô à mãe do caçador, disparou sua flecha e matou a ave.

Todos celebraram o feito. Honrarias foram concedidas ao caçador, que passou a ser conhecido como Oxóssi, isto é, "o caçador Oxô é popular".

QUAL UM DOS MAIS CONHECIDOS RELATOS MITOLÓGICOS AFRICANO SOBRE OMULU/OBALUAÊ?

Ao voltar à aldeia natal, Obaluaê viu uma grande festa, com todos os Orixás. Porém, em razão da própria aparência, não ousava entrar na festa. Ogum tentou ajudá-lo, cobrindo-o com uma roupa de palha que escondia até sua cabeça. Obaluaê entrou na festa, mas não se sentia à vontade. Iansã, que tudo acompanhava, teve muita compaixão de Obaluaê.

Então, a senhora dos ventos, esperou que Obaluaê fosse para o centro do barracão onde ocorria a festa e os Orixás dançavam animados. Soprou as roupas de Obaluaê, as palhas se levantaram com o vento, as feridas de Obaluaê pularam, numa chuva de pipoca.

Obaluaê, agora um jovem bastante atraente, tornou-se amigo de Iansã Igbale, reinando ambos sobre os espíritos (eguns).

QUAL UM DOS MAIS CONHECIDOS RELATOS MITOLÓGICOS AFRICANO SOBRE OSSAIM?

Ossaim era o senhor absoluto das folhas, filho de Nanã e irmão de Euá e Obaluaê. Curava e tratava com as ervas, com banhos, chás, pomadas e outros procedimentos.

Xangô achou que todos os Orixás deveriam conhecer os segredos das ervas. Ossaim preferiu não dividir nem o segredo nem as folhas com os demais Orixás. Então Xangô mandou Iansã fazer o vento trazer as folhas de Ossaim para o palácio, a fim de serem divididas entre os Orixás.

Quando o furacão de Iansã funcionou, Ossaim ordenou que as folhas voltassem para a mata, o que aconteceu. As folhas que ficaram no palácio de Xangô perderam a força vital, o axé. Xangô admitiu a derrota para Ossaim. Admitiu também que as folhas deveriam ficar aos cuidados de Ossaim.

Ossaim, porém, deu a cada Orixá uma folha com seus segredos, seus encantamentos. Contudo, os maiores segredos, Ossaim não revelou a ninguém.

QUAL UM DOS MAIS CONHECIDOS RELATOS MITOLÓGICOS AFRICANO SOBRE OXUMARÉ?

Oxumaré não gostava da chuva. Toda vez que chovia muito, o Orixá apontava para o céu sua faca de bronze e espantava a chuva, fazendo brilhar o arco-íris.

Certa vez Olorum ficou cego, pediu ajuda a Oxumaré, que o curou. Contudo, Olorum temia ficar novamente cego e não deixou Oxumaré voltar à terra, determinando que deveria morar com ele no Orum. Oxumaré só viria à terra vez ou outra, a passeio.

Quando não é visto na terra, é visto no céu, com sua faca de bronze, com o arco-íris parando a chuva.

QUAL UM DOS MAIS CONHECIDOS RELATOS MITOLÓGICOS AFRICANO SOBRE NANÃ?

Quando recebeu ordens de Olorum para criar o homem, Oxalá se utilizou, sem sucesso, de várias matérias-primas.

Tentou o ar, mas o homem se desfez rapidamente. Experimentou a madeira, mas o homem ficou muito duro. O mesmo, e com mais intensidade, aconteceu com a pedra. Com o fogo, nada feito, pois o homem se consumiu. Oxalá tentou outros elementos, como água e azeite.

Então Nanã, com seu ibiri, apontou para o fundo do lago e de lá retirou a lama que entregou a Oxalá para ele fazer o homem. Deu certo: o homem foi modelado de barro e, com o sopro de Olorum, ganhou vida.

Quando morre, o corpo físico do homem retorna à terra de onde veio por empréstimo de Nanã.

QUAL UM DOS MAIS CONHECIDOS RELATOS MITOLÓGICOS AFRICANO SOBRE OXUM?

Desde o início do mundo os Orixás masculinos decidiam tudo, porém excluíam as mulheres. Como Oxum não se conformava com essa atitude, deixou as mulheres estéreis. Os homens foram consultar Olorum, que os aconselhou a convidar Oxum e as outras mulheres para participarem das reuniões e decisões. Assim fizeram, e as mulheres voltaram a gerar filhos.

QUAL UM DOS MAIS CONHECIDOS RELATOS MITOLÓGICOS AFRICANO SOBRE OBÁ?

Obá e Oxum disputavam o amor de Xangô. Ambas cozinhavam para o marido, cada uma numa semana. Como Oxum era a esposa mais querida, Obá procurava imitá-la em tudo, porém Oxum não gostava que Obá lhe copiasse as receitas.

Um dia Oxum convidou Obá para sua casa, recebendo-a com um lenço na cabeça escondendo as orelhas. Mostrou-lhe uma sopa onde boiavam dois cogumelos, dizendo a rival tratarem-se das próprias orelhas. Segundo Oxum, Xangô se refestelaria com o prato. Ambas puderam observar o prazer e a alegria com que Xangô saboreou a sopa, elogiando a esposa.

Entao, na outra semana, Obá cortou as próprias orelhas e serviu a Xangô, que ficou enojado. Nesse momento, Oxum chegou, sem o lenço e exibindo as orelhas. Obá e Oxum brigaram feio. Xangô ficou irado com mais esse episódio de competição e briga entre as esposas, que tentaram fugir, enquanto Xangô tentava alcançá-las com um raio.

As esposas, longe de Xangô e de seus raios, se transformaram em rios. E quando as águas do rio Oxum encontram-se com as do rio Obá, a correnteza é braba, pois ambos os rios disputam o mesmo espaço.

QUAL UM DOS MAIS CONHECIDOS RELATOS MITOLÓGICOS AFRICANO SOBRE EUÁ?

Euá era mãe de dois filhos. Juntos, iam todos os dias à floresta buscar lenha, que Euá vendia no mercado.

Certa vez os três se perderam na floresta. Em algum tempo as crianças começaram a reclamar de fome, de cansaço e de sede. Andavam e não encontravam nem o caminho, nem o que comer, nem o que beber. A mãe, então, suplicou ajuda a Olorum e aos deuses. Deitou-se ao lado dos filhos extenuados e, ali mesmo onde estava, transformou-se numa nascente, cuja água matou a sede das crianças.

A fonte continuou a jorrar, formou uma lagoa, cujas águas extravasaram e, mais adiante, formaram um rio, o rio Euá.

QUAL UM DOS MAIS CONHECIDOS RELATOS MITOLÓGICOS AFRICANO SOBRE OYÁ/IANSÃ?

Iansã adorava suas joias. Um dia quis sair de casa com elas, mas seus pais não permitiram, argumentando que era perigoso.

Tempestuosa, Iansã entregou, então, suas joias a Oxum, varou o teto da casa, voando, ventando.

QUAL UM DOS MAIS CONHECIDOS RELATOS MITOLÓGICOS AFRICANO SOBRE LOGUN-EDÉ?

Logun-Edé é filho de Oxóssi e de Oxum. Por isso carrega o ofá (arco e flecha do pai) e o abebé (espelho) da mãe. É senhor das ribanceiras do rio, reinando entre as águas de Oxum e as matas de Oxóssi. Habita ora no rio, ora no mato, metade do tempo no rio, metade do tempo no mato.

Oxum se apaixonou por Oxóssi, mas ele não se interessou por ela. Soube por um babalaô que o Orixá se interessava apenas por mulheres da floresta, não pelas das águas. Então Oxum embebeu seu corpo de mel e rolou pelo chão da floresta. Dessa forma, seduziu Oxóssi.

Um dia, porém, convidou Oxóssi para um banho no rio. Tanto o mel quanto as folhas da mata se desprenderam do corpo de Oxum e Oxóssi percebeu que fora enganado, deixando para trás o Orixá das águas, que estava grávida de Logun-Edé.

QUAL UM DOS MAIS CONHECIDOS RELATOS MITOLÓGICOS AFRICANO SOBRE IEMANJÁ?

Desde o início da criação os seres humanos começaram a poluir o mar. Por essa razão, Iemanjá e sua casa viviam sujas. Então, Iemanjá foi reclamar com Olorum, que lhe deu o poder de devolver à praia tudo o que sujasse as águas do mar.

Surgiram, assim, as ondas, que devolvem a terra o que não pertence ao mar.

QUAL UM DOS MAIS CONHECIDOS RELATOS MITOLÓGICOS AFRICANO SOBRE XANGÔ?

Xangô e seus comandados lutavam contra inimigo cruel, que mutilava e torturava os homens de Xangô, matando-os e entregando-os aos pedaços a seu comandante.

Então, Xangô subiu a uma pedreira e consultou-se com Orumilá, pedindo-lhe auxílio. Com seu oxê (machado duplo), começou a bater nas pedras, de onde brotavam faíscas que consumiram os soldados inimigos.

Por sua vez, os comandantes inimigos foram consumidos por um raio enviado por Xangô no momento máximo de sua cólera. Contudo, os soldados sobreviventes foram poupados por Xangô, que passou a ser conhecido por sua justiça e procurado para resolver toda sorte de contenda.

Qual um dos mais conhecidos relatos mitológicos africano sobre Oxalá?

Antes o mundo era cheio de água, um verdadeiro pântano, sem terra firme. No Orum (em tradução livre, "Plano Espiritual", "Céu") viviam, além de Olorum, os Orixás, que vez ou outra vinham ao Aiê (em tradução livre, "Terra") para brincar nos pântanos, descendo por teias de aranha. Até que um dia Olorum chamou Oxalá, dizendo querer criar terra firme no Aiê, encarregando dessa tarefa o grande Orixá, a quem deu uma concha, uma pomba e uma galinha com cinco dedos em cada pé.

Então Oxalá desceu até o pântano e verteu a terra da concha, colocando sobre ela a pomba e a galinha, que começaram a ciscar, espalhando a terra da concha até se formar terra firme por toda parte. Oxalá foi até Olorum e lhe comunicou o resultado da tarefa. Olorum enviou um camaleão ao Aiê, o qual não pode andar no solo, pois ainda não era tão firme. O camaleão relatou a experiência a Olorum, tornou a voltar ao Aiê, onde encontrou terra realmente firme e ampla, podendo a vida aí se desenvolver.

O lugar ficou conhecido como Ifé ("ampla morada"). Oxalá prosseguiu em sua tarefa de criar o mundo e tudo o que ele contém.

Há outros orixás cultuados no Candomblé?

Sim, dentre eles Iroco, Okê, Tempo, Ibejis, Olocum, Ajê Xalugá, Oraniã, Orumilá e Ajalá.

Quem é Iroco?

Na Nigéria, este Orixá é cultuado numa árvore do mesmo nome, substituída no Brasil pela gameleira-branca, que apresenta características semelhantes às da árvore africana. Associado ao Vodum daomeano Loko (dinastia jeje) e ao inquice Tempo dos bantos, é o Orixá dos bosques nigerianos. Sua cor é o branco. Utiliza-se palha da costa em suas vestes. Sua comida é, dentre outras, o caruru, o deburu (pipoca) e o feijão-fradinho.

Geralmente, diante das casas de Candomblé, há uma grande árvore, com raízes saindo do chão, envolvida por um grande pano branco (alá). Trata-se de Iroco, protegendo cada casa, dando-lhe força e poder.

Na nação Angola, Iroco também é conhecido como Maianga ou Maiongá.

QUEM É OKÊ?

Vários Orixás tiveram seus cultos (praticamente) perdidos e/ou amalgamados com outros Orixás. No Brasil, esse é o caso de Okê (não confundir com a saudação a Oxóssi), Orixá das montanhas, das colinas, dos pontos altos. Guardião dos outros Orixás, é sincretizado em Cuba com São Tiago Apóstolo, padroeiro da Espanha.

Segundo a mitologia/teogonia iorubana, no princípio havia apenas água no mundo, sendo governado por Olocum (mar). Então, Oraniã (filho de Odudua, um dos princípios da criação), pela força recebida de Olofim (aspecto criador do Deus Supremo, já cansado de tanta água), fez surgir do fundo do oceano uma montanha de terra (Okê), onde foi possível desenvolver-se a vida. Nessa montanha, Olofim reuniu os Orixás e determinou a cada um quais seriam seus domínios.

Pelo fato de a Igreja do Senhor do Bonfim, em Salvador, estar localizada numa colina, Oxalá/Senhor do Bonfim é também chamado de "Babá Okê", isto é, "pai/senhor da colina".

QUEM É TEMPO?

Também conhecido como Loko, e mesmo Iroko, Tempo é um Orixá originário de Iwere, na parte leste de Oyó (Nigéria). Sua importância é fundamental na compreensão da vida. Geralmente é associado à Iansã (e vice-versa), senhora dos ventos e das tempestades.

Segundo célebre provérbio, "O Tempo dá, o Tempo tira, o Tempo passa e a folha vira". O Tempo também é visto como o próprio céu, o espaço aberto.

QUEM SÃO OS IBEJIS?

Formado por duas entidades distintas, indicam a contradição os opostos que se complementam. Tudo o que se inicia está associado aos Ibejis: nascimento de um ser humano, a nascente de um rio etc. Geralmente são associados aos gêmeos Taiwo ("o que sentiu o primeiro gosto da vida") e Kainde ("o que demorou a sair"), às vezes a um casal de gêmeos. Seus pais também variam de lenda para lenda, contudo a mais conhecida os associam a Xangô e Oxum.

Doum, por sua vez, é a terceira criança, companheiro de Cosme e Damião, com os quais os Ibejis são sincretizados. O nome Doum deriva do iorubá "Idowu", nome atribuído ao filho que nasce na sequência de gêmeos; relaciona-se também com o termo fongé "dohoun", que significa "parecido com", "semelhante ou igual a".

Responsáveis em zelar pelo parto e pela infância, bem como pela promoção do amor e da união.

CARACTERÍSTICAS DOS IBEJIS

Animais: de estimação.

Bebidas: água com açúcar, água com mel, água de coco, caldo de cana, refrigerante, suco de frutas.

Chacras: todos, em especial o laríngeo.

Cores: branco, colorido, rosa e azul.

Comemoração: 27 de setembro.

Comidas: caruru, doces e frutas.

Contas: azuis, brancas, rosa.

Corpo humano e saúde: acidentes, alergias, anginas, problemas de nariz, raquitismo.

Dia da semana: domingo.

Elemento: fogo.

Elementos incompatíveis: assovio, coisas de Exu, morte.

Ervas: alecrim, jasmim, rosa.

Essências: de frutas.

Flores: margarida, rosa mariquinha.

Metal: estanho.

Pedra: quartzo rosa.

Planeta: Mercúrio.

Pontos da natureza/de força: cachoeiras, jardins, matas, praias e outros.

Saudação: Bejiró!

Símbolos: gêmeos.

Sincretismo: São Cosme e São Damião.

QUEM É OLOCUM?

Cultuado em África e em Cuba, praticamente esquecido em terras brasileiras, Orixá iorubano do oceano, ora apresentado como masculino, ora como feminino, portanto, ora como pai, ora como mãe de Iemanjá.

QUEM É AJÊ XALUGÁ?

Orixá da riqueza, da saúde, da sorte. Equilibra energias (pessoas, amizades, trabalho e outras), atrai forças positivas e afasta as negativas, além de conduzir o respeito e o equilíbrio no que tange ao poder do dinheiro.

QUEM É ORANIÃ?

Fundador mítico da cidade de Oyó, filho mais novo de Odudua, aparece em alguns mitos como avô do primeiro *alaké* (rei de Abeokutá) e do primeiro *aláàfin* (rei de Oyó). Seu nome é uma espécie de abreviatura brasileira de *Òron Míyon*. Embora, no Brasil, apareça praticamente apenas em alguns relatos (mitos), no Recife encontram-se referências a Onaminhã ou Oramiã, Orixá ligado a Ogum.

QUEM É ORUMILÁ (IFÁ)?

Tanto Orumilá quanto Exu têm permissão para estar próximos a Olorum quando necessário, daí sua importância. Senhor dos destinos, Orumilá rege o plano onírico, é aquele que sabe tudo o que se passa sob a regência de Olorum, no presente, no passado e no futuro. Tendo acompanhado Odudua na fundação de Ilê Ifé, é conhecido como "Eleri Ipin" ("testemunho de Deus"; aliás, sua saudação), "Ibikeji Olodumaré" ("vice de Deus"), "Gbaiyegborun" ("o que está na terra e no céu"), "Opitan Ifé" ("o historiador de Ifé").

Por ordens de Olorum, além de ter participado da criação da terra e do homem, Orumilá auxilia cada um a viver seu cotidiano e a vivenciar seu próprio caminho, isto é, o destino para seu Ori (Cabeça).

Seus porta-vozes são os chamados babalaôs (pais do segredo), iniciados especificamente no culto a Ifá. No caso dos búzios, entretanto, os babalaôs são cada vez mais raros, sendo os mesmos lidos e interpretados por babalorixás, ialorixás e outros devidamente preparados (a preparação e as formas de leitura podem variar bastante do Candomblé para a Umbanda e de acordo com a orientação espiritual de cada casa e cada ledor/ledora).

Cada ser humano é ligado diretamente a um Odu, que lhe indica seu Orixá individual, bem como sua identidade mais profunda. Variações à parte (Nações, casas etc.), os dezesseis Odus principais são assim distribuídos:

ORIXÁS 71

Caídas	Odus	Regências
1 búzio aberto e 15 búzios fechados	Okanran	Fala: Exu Acompanham: Xangô e Ogum
2 búzios abertos e 14 búzios fechados	Eji-Okô	Fala: Ibejis Acompanham: Oxóssi e Exu
3 búzios abertos e 13 búzios fechados	Etá-Ogundá	Fala: Ogum
4 búzios abertos e 12 búzios fechados	Irosun	Fala: Iemanjá Acompanham: Ibejis, Xangô e Oxóssi
5 búzios abertos e 11 búzios fechados	Oxé	Fala: Oxum Acompanha: Exu
6 búzios abertos e 10 búzios fechados	Obará	Fala: Oxóssi Acompanham: Xangô, Oxum, Exu
7 búzios abertos e 9 búzios fechados	Odi	Fala: Omulu/Obaluaê Acompanham: Iemanjá, Ogum, Exu e Oxum
8 búzios abertos e 8 búzios fechados	Eji-Onilé	Fala: Oxaguiã
9 búzios abertos e 7 búzios fechados	Ossá	Fala: Iansã Acompanham: Iemanjá, Obá e Ogum
10 búzios abertos e 6 búzios fechados	Ofun	Fala: Oxalufá Acompanham: Iansã e Oxum
11 búzios abertos e 5 búzios fechados	Owanrin	Fala: Oxumarê Acompanham. Xangô, Iansã e Exu
12 búzios abertos e 4 búzios fechados	Eji-Laxeborá	Fala: Xangô
13 búzios abertos e 3 búzios fechados	Eji-Ologbon	Fala: Nanã Buruquê Acompanha: Omulu/Obaluaê
14 búzios abertos e 2 búzios fechados	Iká-Ori	Fala: Ossaim Acompanham: Oxóssi, Ogum e Exu
15 búzios abertos e 1 búzio fechado	Ogbé-Ogundá	Fala: Obá
16 búzios abertos	Alafiá	Fala: Orumilá

Quem é Ajalá?

Embora haja quem o considere Orixá independente no panteão iorubano, parece haver consenso de que, na verdade, se trata de uma das qualidades de Oxalá, responsável por moldar as cabeças humanas com elementos tirados do Orum.

O que são qualidades de Orixás?

Tipos de determinado Orixá. São diversas qualidades, com variações (fundamentos, nações, casas etc.).

No caso de Oxum, por exemplo, com variações, costumam aparecer sempre 16 qualidades. A lista abaixo foi sistematizada por Carlos Alexandre de Camillis, o Cacau, Ogã e escritor.

Oxum Jimun	Qualidade que pode ter filhos, mas não incorpora neles. Assentada separadamente de outros Orixás, ligada a la Mi Oxorongá.
Oxum Ajagira	Caminha com Exu.
Oxum Pandá	Qualidade guerreira, manca de uma perna.
Oxum Karê	Também qualidade guerreira de Oxum.
Oxum Apará	Guerreira, caminha com Iansã e Ogum. Apresenta quizila com Iemanjá Ogunté, o que representa o encontra das águas (rio e mar).
Oxum Abotô	Qualidade de Oxum que gosta de leque.
Oxum Abalô	Ligada aos Ibejis, gosta de crianças. Tanto seus assentamentos quanto suas obrigações podem ser acompanhadas de brinquedos. Embora seu assentamento não contenha areia, gosta desse elemento, recebendo oferendas na areia do rio ou da praia. Propicia filhos e favorece bons partos.
Oxum Toquén	Qualidade calma de Oxum.
Oxum Ianlá	Caminha com Oxalá e se veste de branco. Suas comidas não são temperadas com dendê, mas com azeite doce.
Ieiê Okê	Esposa de Odé, mãe de Logun-Edé.

leiê Ogá	Qualidade velha de Oxum, brigona, resmungona.
Oxum Merim	Jovem, vaidosa, rainha.
Oxum Oloxá	Caminha com Nanã. Seu ponto da natureza/ponto de força é o fundo do lago. Cultuada em separado das outras qualidades de Oxum.
leiê Olokó	Ligada ao Orixá Ossaim.
leiê Sissi	Caminha com Obaluaê, sendo também ligada a Xangô.
leiê Odô	Ligada a Iemanjá, pode ser cultuada em águas salgadas.

QUEM É ORI?

A cabeça humana, na tradição iorubá, receptáculo do conhecimento e do espírito, tão importante que cada Orixá tem seu Ori. É alimentado, como no caso do Bori, a fim de manter-se equilibrado.

Trata-se, ainda, da consciência presente em toda a natureza e seus elementos, guiada pelo Orixá (força específica).

QUEM SÃO AS IÁ MI OXORONGÁ?

Cada Iá Mi Oxorongá é uma entidade espiritual que representa a ancestralidade feminina, daí ser conhecida como mãe ancestral. As Iá Mi são senhoras, donas dos pássaros da noite, poderosas, pairando acima dos conceitos do bem e do mal.

Em alguns dos mitos aparecem associadas ao Orixá Oxum.

QUEM É OLORUM?

Seu nome significa "Senhor do Orum" ("Orum", em tradução livre, é "plano espiritual"). Uma das divindades iorubanas da criação, é a manifestação sensível e concreta de Olofim (personificação do divino e causa e razão de todas as coisas) e Olodumaré (representação material e espiritual do Universo).

Nos cultos de origem banta e na Umbanda, corresponde a Zâmbi (do multilinguístico banto "Nzambi", isto é, "Ser Supremo".

Associado e sincretizado com Javé (Deus hebraico-cristão).

No Candomblé também se trabalha com as chamadas entidades?

Sim, especialmente com os Caboclos, Crianças, Boiadeiros, Exus e Pombas-Gira.

Quem são os Caboclos?

Também conhecidos como Caboclos de Pena, formam verdadeiras aldeias e tribos no Astral, representados simbolicamente pela cidade da Jurema, pelo Humaitá e outros. Existem falanges e especialidades diversas, como as de caçadores, feiticeiros, justiceiros, agricultores, rezadores, parteiras e outras, sempre a serviço da Luz, na linha de Oxóssi e na vibração de diversos Orixás. A cor característica dos Caboclos é o verde leitoso, enquanto a das Caboclas é o verde transparente. Seu principal ponto de força são as matas.

Nessa roupagem e pelas múltiplas experiências que possuem (encarnações como cientistas, médicos, pesquisadores e outros), geralmente são escolhidos por Oxalá para serem os guias-chefe dos médiuns, representando o Orixá de cabeça do médium de Umbanda (em alguns casos, os Pretos-Velhos é que assumem tal função). Na maioria dos casos, portanto, os Caboclos vêm na irradiação do Orixá masculino da coroa do médium, enquanto as Caboclas, na irradiação do Orixá feminino da coroa mediúnica. Todavia, os Caboclos também podem vir na irradiação do próprio Orixá de quando estava encarnado, ou na do Povo do Oriente.

Atuam em diversas áreas e em várias tradições espirituais e/ou religiosas, como no chamado Espiritismo Kardecista ou de Mesa Branca.

Simples e determinados, infundem luz e energia em todos. Representam o conhecimento e a sabedoria que vêm da terra, da natureza, comumente desprezado pela civilização, a qual, paradoxalmente, parece redescobri-los. Também nos lembram a importância do elemento indígena em nossa cultura, a miscigenação de nosso povo e que a Umbanda sempre está de portas abertas para todo aquele, encarnado ou desencarnado, que a procurar.

Os brados dos Caboclos possuem grande força vibratória, além de representarem verdadeiras senhas de identificação entre eles, que ainda se cumprimentam e se abraçam enquanto emitem esses sons. Brados e assobios são verdadeiros mantras que ajudam na limpeza e no equilíbrio de ambientes, pessoas etc. O mesmo vale para o estalar de dedos, uma vez que as mãos possuem muitíssimos terminais nervosos: os estalos de dedos se dão sobre o chamado Monte de Vênus (porção mais gordinha da mão), descarregando energias deletérias e potencializando as energias positivas, de modo a promover o reequilíbrio.

Quem são as Crianças?

Conhecidos como Crianças, Ibejis, Ibejada, Dois-Dois, Erês, Cosminhos e outros tantos nomes, representam na Umbanda a alegria mais genuína, a da criança (e, consequentemente, da criança interior de cada um). Espíritos que optaram por essa roupagem, geralmente desencarnaram com pouca idade terrena.

São bastante respeitados por outros Guias e Entidades, como Caboclos e Pretos-Velhos, possuindo funções específicas. No Candomblé, por exemplo, quando o Orixá não fala, o Erê funciona como seu porta-voz. Além disso, protege o médium de muitos perigos. Os nomes dos Erês no Candomblé geralmente correspondem ao regente da coroa mediúnica. Exemplos: Pipocão e Formigão (Obaluaiê), Folhinha Verde (Oxóssi) e Rosinha (Oxum). Já na Umbanda, embora possa haver referências Orixá dono da coroa do médium, os nomes comumente reproduzem nomes brasileiros, tais como Rosinha, Cosminho, Pedrinho, Mariazinha e outros. Quanto aos quitutes, na Umbanda, as Crianças, no geral, pedem doces, balas, refrigerantes, frutas. Por influência do Candomblé, algumas casas também servem caruru.

76 CANDOMBLÉ: UMA RELIGIÃO ECOLÓGICA

Como no caso das crianças encarnadas, esses irmãozinhos do Alto precisam amorosamente de limite e disciplina. As brincadeiras são animadas, mas isso não deve significar bagunça ou impedir comunicações. Há os que pulam, preferem brinquedos, choram, ficam mais quietinhos, enfim: são formas quase despercebidas de descarregar e equilibrar o médium, a casa, a assistência. Preferem consultas a desmanches de demandas e desobsessões, são bastante sinceros sobre os desequilíbrios dos consulentes, bons conselheiros e curadores. Utilizam-se de quaisquer elementos e manipulam energias elementais sob a regência dos Orixás.

O calendário especial de comemoração das Crianças é extenso: inicia-se em 27 de setembro (São Cosme e São Damião) e vai até 25 de outubro (São Crispim e São Crispiniano).

QUEM SÃO OS BOIADEIROS?

Também conhecidos como Caboclos Boiadeiros, segundo alguns umbandistas, já foram Exus e transitaram de faixa vibratória (nos Candomblés onde se manifestam Boiadeiros, geralmente fazem funções protetoras das quais os Exus se encarregam na Umbanda). Protetores, utilizam-se do laço e do chicote como armas espirituais contra as investidas de espíritos de vibrações deletérias. Conduzem os espíritos para seu destino e resgatam aqueles que se perderam da Luz.

Certamente muitos desses espíritos, quando encarnados (homens e mulheres), lidaram com o gado, em fazendas, comitivas e outros: vaqueiros, tocadores de viola, laçadores etc. Trabalham para diversos fins, com velas, pontos riscados e rezas fortes. Sua dança é rápida e ágil. Preferem bebidas fortes, como cachaça com mel (meladinha), vinho tinto, mas também bebem cerveja. Seu dia votivo é quinta-feira. Seu prato preferido é carne bovina com feijão tropeiro; também apreciam abóbora com farofa de torresmo. Em oferendas, usam-se também fumo de rolo e cigarro de palha.

Quanto às vestimentas e identificações, costumam solicitar panos para cobrir a região dos seios das médiuns, valem-se de chapéus de couro, laços, bombachas e até berrantes. Sua saudação e seu brado costumam ser Jetruá! e/ou Xetro Marrumba Xetro!

Alguns Boiadeiros: Boiadeiro do Chapadão, Boiadeiro Chapéu de Couro, Boiadeiro de Imbaúba, Boiadeiro do Ingá, Boiadeiro da Jurema, Boiadeiro Juremá, Boiadeiro do Lajedo, Boiadeiro Navizala, Boiadeiro do Rio, Carreiro, João Boiadeiro, Zé Mineiro.

QUEM SÃO OS EXUS?

Quando encarnados, geralmente tiveram vida difícil, como boêmios, prostitutas e/ou dançarinas de cabaré (caso de muitas Pombas-Gira), em experiências de violência, agressão, ódio, vingança. Conforme dito acima, são agentes da Luz atuando nas trevas. Praticando a caridade, executam a Lei de forma ordenada, sob a regência dos chefes e em nome dos Orixás. Devem ser tratados com respeito e carinho, e não com temor, à maneira como se tratam amigos.

Guardiões não apenas durante as giras e as consultas e atendimentos que dão nas giras de Esquerda, são os senhores do plano negativo ("negativo" não possui nenhuma conotação moral ou de desvalor), responsabilizam-se pelos espíritos caídos, sendo, ainda, cobradores dos carmas. Combatem o mal e estabilizam o astral na escuridão. Cortam demanda, desfazem trabalhos de magia negra, auxiliam em descarregos e desobsessões, encaminham espíritos com vibrações deletérias para a Luz ou para ambientes específicos do Astral Inferior, a fim de ser reabilitarem e seguirem a senda da evolução.

Sua roupa geralmente é preta e vermelha, podendo usar capas, bengalas, chapéus e instrumentos como punhais. Como soldados e policiais do Astral, utilizam uniformes apropriados para batalhas, diligências e outros. Suas emanações, quando necessário, são pesadas e intimidam. Em outras circunstâncias, apresentam-se de maneira elegante. Em outras palavras, sua roupagem fluídica depende de vários fatores, como evolução, função, missão, ambiente etc. Podem, ainda, assumir aspecto animalesco, grotesco, possuindo grande capacidade de alterar sua aparência.

Os Exus são alegres e brincalhões e, ao mesmo tempo, dão e exigem respeito. Honram sua palavra, buscam constantemente sua evolução. Guardiões, expõem-se a choques energéticos. Espíritos caridosos, trabalham principalmente em causas ligadas aos assuntos mais terrenos. Se aparentam dureza, franqueza e pouca emotividade, em outros momentos, conforme as circunstâncias, mostram-se amorosos e compassivos, afastando-se, porém, daqueles que visam a atrasar sua evolução. Suas gostosas gargalhadas não são apenas manifestações de alegria, mas também potentes mantras desagregadores de energias deletérias, emitidos com o intuito de equilibrar especialmente pessoas e ambientes.

É muito importante o consulente conhecer a casa que se frequenta, para que não se confunda Exu e Pomba-Gira com quiumbas. Pela lei de ação e reação, pedidos e comprometimentos feitos visando ao mal e desrespeitando o livre-arbítrio serão cobrados. Quanto às casas, a fim de evitar consulentes desavisados, algumas optam por fazer giras de Esquerda fechadas, enquanto outras as fazem abertas, mas quase sempre com pequena preleção a respeito da Esquerda.

QUEM SÃO AS POMBAS-GIRA?

O termo Pomba-Gira é uma corruptela de Bombojira, que, em terreiros bantos, significa Exu, vocábulo que, por sua vez, deriva do quicongo mpambu-a-nzila (em quimbundo, pambuanjila), com o significado de "encruzilhada". Trabalham com a o desejo, especialmente com o sexual, freando os exageros e deturpações sexuais dos seres humanos (encarnados ou desencarnados), direcionando-lhes a energia para aspectos construtivos. Algumas delas, em vida, estiveram ligadas a várias formas de desequilíbrio sexuais: pela Lei de Ação e Reação, praticando a caridade, evoluem e auxiliam outros seres à evolução.

Alegres, divertidas, simpáticas, conhecem a alma humana e suas intenções. Sensuais e equilibradas, descarregam pessoas e ambientes de energias viciadas. Gostam de dançar. Infelizmente, são bastante confundidas com quiumbas e consideradas responsáveis por amarrações de casais, separações e outros, quando, na verdade, seu trabalho é o de equilibrar as energias do desejo. Exemplo: quando alguém é viciado em sexo (desequilíbrio), podem encaminhar circunstâncias para que a pessoa tenha verdadeira overdose de sexo, de modo a esgotá-la e poder trabalhá-la para o reequilíbrio. Assim como os Exus de caráter masculino, as Pombas-Gira são agentes cármicos da Lei.

Geralmente o senso comum associa as Pombas-Gira a prostitutas. Se muitas delas estão resgatando débitos relacionados à sexualidade, isso ocorre, contudo, não apenas por promiscuidade e pelas consequências energéticas e de fatos decorrentes da mesma, mas também pela abstinência sexual ideológica e religiosamente imposta, caso de muitas mulheres que professaram votos celibatários, mas foram grandes agressoras de crianças, pessoas amarguradas praguejando contra mulheres com vida sexual ativa etc.

Suas cores geralmente são vermelho e preto. Alguns nomes: Maria Molambo, Sete-Saias, Maria Padilha, Pomba-Gira do Cruzeiro, Pomba-Gira Rosa Caveira etc.

INQUICES

QUEM SÃO OS INQUICES?

Os Inquices são divindades dos cultos de origem banta. Correspondem aos Orixás iorubanos e da Nação Ketu. Dessa forma, por paralelismo, os Inquices, em conversas do povo-de-santo aparecem como sinônimos de Orixás.

Também entre o povo-de-santo, quando se usa o termo Inquice, geralmente se refere aos Inquices masculinos, ao passo que Inquice Amê refere-se aos Inquices femininos.

O vocábulo Inquice vem do quimbundo *Nksi* (plural: *Mikisi*), significando "Energia Divina'".

QUEM É ALUVAIÁ, BOMBO NJILA OU PAMBU NJILA?

Intermediário entre os seres humanos e o outros Inquices. Na sua manifestação feminina, é chamado Vangira ou Panjira. Paralelismo com o Exu nagô. De seu nome originou-se o vocábulo "Pombagira".

QUEM É NKOSI, ROXI MUKUMBE OU ROXIMUCUMBI?

Inquice da guerra e senhor das estradas de terra. Paralelismo com o Orixá Ogum. Mukumbe, Biolê, Buré são qualidades de Roximucumbi.

Quem é Ngunzu?

Inquice dos caçadores de animais, pastores, criadores de gado e dos que vivem embrenhados nas profundezas das matas, dominando as partes onde o sol não penetra.

Quem é Kabila?

O caçador e pastor. Aquele que cuida dos rebanhos da floresta. Paralelismo com o Orixá Oxóssi.

Quem é Mutalambô, Lambaranguange ou Kibuco Mutolombo?

Caçador, vive em florestas e montanhas. Inquice da fartura, da comida abundante. Paralelismo com o Orixá Oxóssi.

Quem é Mutakalambô?

Senhor das partes mais profundas e densas das florestas, onde o Sol não alcança o solo por não penetrar pela copa das árvores. Paralelismo com o Orixá Oxóssi.

Quem é Gongobira ou Gongobila?

Jovem caçador e pescador. Paralelismo com o Orixá Logunedé.

Quem é Katendê?

Senhor das Jinsaba (folhas). Conhece os segredos das ervas medicinais. Paralelismo com o Orixá Ossaim.

Quem é Nzazi, Zaze ou Loango?

Inquice do raio e da justiça. Paralelismo com o Orixá Xangô.

Quem é Kaviungo ou Kavungo, Kafungê, Kafunjê ou Kingongo?

Inquice da varíola, das doenças de pele, da saúde e da morte. Paralelismo com o Orixá Obaluaê.

Quem é Nsumbu?

Senhor da terra, também chamado de Ntoto pelo povo de Congo.

Quem é Hongolo ou Angorô (Masculino) ou Angoroméa (Feminino)?

Auxilia na comunicação entre os seres humanos e as divindades, sendo representado por uma cobra. Paralelismo com o Orixá Oxumarê.

Quem é Kindembu ou Tempo?

Rei de Angola. Senhor do tempo e estações. É representado, nas casas Angola e Congo, por um mastro com uma bandeira branca. Paralelismo com o orixá Iroco. Tempo é patrono da Nação Angola.

Quem é Kaiangu ou Kaiongo?

Tem o domínio sobre o fogo. Paralelismo com o Orixá Iansã.

Matamba, Bamburussenda, Nunvurucemavula.

Qualidades Kaiangu: guerreira, tem domínio sobre os mortos (Nvumbe).

Saudação: Mam'etu Múkua Ita Matamba!

Resposta: Kiuá Matamba!

Quem é Ksimbi ou Samba?

A grande mãe. Inquice de lagos e rios. Paralelismo com o Orixá Oxum.

Quem é Ndanda Lunda ou Dandalunda?

Senhora da fertilidade, da Lua, confunde-se, por vezes, com Hongolo e Kisimbi. Paralelismo com os Orixás Iemanjá ou Oxum.

Quem é Kaitumba, Mikaia ou Kokueto?

Inquice do Oceano, do Mar (Calunga Grande). Paralelismo com o Orixá Iemanjá.

Quem é Nzumbarandá, Nzumba, Zumbarandá, Ganzumba ou Rodialonga?

A mais velha dos Inquices femininos, relacionada à morte. Paralelismo com o Orixá Nanã.

Quem é Nvunji?

A mais jovem dos Inquices, senhora da justiça. Representa a felicidade da juventude e toma conta dos filhos recolhidos. Paralelismo com os Ibejis nagô.

Quem é Lemba Dilê, Lembarenganga, Jakatamba, Nkasuté Lembá ou Gangaiobanda?

Ligado à criação do mundo. Paralelismo com o Orixá Oxalá.

VODUNS

QUEM SÃO OS VODUNS?

Vodum é divindade do povo Fon (antigo Daomé). Refere-se tanto aos ancestrais míticos quanto aos ancestrais históricos. No cotidiano dos terreiros, por paralelismo, o vocábulo é empregado também como sinônimo de Orixá (é bastante evidente a semelhança de características entre os mais conhecidos Orixás, Inquices e Voduns). "Vodum" é a forma aportuguesada de "vôdoun".

Ji-vodun	(Voduns do alto), chefiados por Sô (Heviossô).
Ayi-vodun	(Voduns da terra), chefiados por Sakpatá.
Tô-vodun	Voduns próprios de determinada localidade. Diversos.
Henu-vodun	Voduns cultuados por certos clãs que se consideram seus descendentes. Diversos.

Mawu (gênero feminino) é o Ser Supremo dos povos Ewe e Fon, que criou a terra, os seres vivos e os voduns. Mawu associa-se a Lissá (gênero masculino), também responsável pela criação, e os voduns são filhos e descendentes de ambos. A divindade dupla Mawu-Lissá é chamada de Dadá Segbô (Grande Pai Espírito Vital).

QUEM É LOKO?

É o vodum primogênito, representado pela árvore sagrada *Ficus idolatrica* ou *Ficus doliaria* (gameleira branca).

Paralelismo com o Orixá Iroco.

QUEM É GU?

Vodum dos metais, da guerra, do fogo e da tecnologia.
Paralelismo com o Orixá Ogum.

QUEM É HEVIOSSÔ?

Vodum dos raios e relâmpagos.
Paralelismo com o Orixá Xangô.

QUEM É SAKPATÁ?

Vodum da varíola.
Paralelismo com o Orixá Obaluaê.

QUEM É DÃ?

Vodum da riqueza, representado pela serpente e pelo arco-íris.
Paralelismo com o Orixá Oxumarê.

QUEM É AGUÉ?

Vodum da caça e protetor das florestas.
Paralelismo com o Orixá Oxóssi ou com o Orixá Ossaim.

QUEM É AGBÊ?

Vodum dono dos mares.

QUEM É AYIZAN?

Vodum feminino dona da crosta terrestre e dos mercados.

Quem é Agassu?

Vodum que representa a linhagem real do Reino do Daomé.

Quem é Aguê?

Vodum que representa a terra firme.

Quem é Legba?

Caçula de Mawu e Lissá, representa as entradas e saídas e a sexualidade.
Paralelismo com o Orixá Exu.

Quem é Fá?

Vodum da adivinhação e do destino.
Paralelismo com o Orixá Orumilá.

ORGANIZAÇÃO E HIERARQUIA

QUAL A IMPORTÂNCIA DA HIERARQUIA EM UMA CASA DE CANDOMBLÉ?

Organização, respeito à ancestralidade e à tradição, manutenção dos valores, do conhecimento e da preservação da sabedoria e do sagrado.

O QUE SIGNIFICA PAI OU MÃE-DE-SANTO?

As traduções mais próximas para os termos *babalóòrisá* e *iyálorìsa* seriam pai ou mãe-**no**-santo, contudo o uso popular consagrou pai ou mãe-**de**-santo. Para evitar equívocos conceituais e/ou teológicos, alguns sacerdotes utilizam-se do termo zelador ou zeladora-de-santo.

QUAIS AS PRINCIPAIS FUNÇÕES NO CANDOMBLÉ KETU?

Ekedi e Àjòiès (Ajoiê): Mulheres que não entram em transe e prestam assistência aos Orixás. Na Casa Branca do Engenho Velho, as ajoies são chamadas de ekedis. No Gantois, a ekedi é conhecida como Iyárobá; no Candomblé Angola, é chamada de makota de anguzo. O termo "ekedi" é de origem Jeje, popularizou-se e se faz conhecido em terreiros de todo o país.

Ogã ou Ogan: Homens que não entram em transe, possuem diversas funções num terreiro, sendo a mais conhecida o toque.

Iyalorixá/Babalorixá: Mãe ou Pai-de-Santo. Trata-se da função mais elevado do Ilê (casa/terreiro). São responsáveis por iniciar e completar o ato de iniciação dos Olorixás (filhos de Orixá).

Iyaegbé/Babaegbé: Conselheira (o), é a segunda pessoa do Axé, responsável pela Ordem, Tradição e Hierarquia. Tal função é paralela à da Iyalorixá ou do Babalorixá.

Iyalaxé: Mãe do axé, a que distribui o axé. É quem escolhe os Oloyes de acordo com as determinações superiores.

Iyakekere: Mãe pequena do Axé ou da comunidade. Faz as vezes da Iyalorixá ou do Babalorixá, substituindo-os quando necessário.

Ojubonã (Ajibonã): Mãe criadeira, responsável por diversos cuidados na iniciação.

Iyamoro: Responsável pelo Ipadê de Exu, juntamente com a Agimuda, Agba e Igèna.

Iyaefun/Babaefun: Responsável (Mãe ou Pai) pela pintura dos Iyawos.

Iyadagan: Auxilia a Iyamoro e por ela é auxiliada. Há também a Otum-Dagan e Ossi-dagan (otum: direito/a; ossi: esquerdo/a)).

Iyabassé: Responsável no preparo dos alimentos sagrados. Pode ser auxiliada pelos Olorixás.

Iyarubá: Carrega a esteira para o iniciando. Usa toalha de Orixá no ombro.

Aiyaba Ewe: Geralmente filha de Oxum, é responsável, em determinadas situações por "cantar folhas".

Aiybá: Bate o ejé em grandes obrigações. Também existem a Otum e a Ossi.

Ològun: Função masculina, exercida preferencialmente por um filho de Ogum (em sua ausência, por um filho de Odé ou Obalulaê). Despacha os ebós (oferendas, entregas, despachos) das grandes obrigações.

Oloya: Filha de Oyá que, na ausência de um Ologun, despacha os ebós das grandes obrigações.

Mayê: Ligadas à iniciação do Adoxu (aquele que é feito/a, que porta o adoxu, cone pequeno que tapa a incisão feita no alto da cabeça do iaô), lida com as coisas mais secretas do Axé.

Agbeni Oyê: Função paralela à de Mayê.

Oyê: Relaciona-se com Iyaefun/Babaefun, lidando com elementos de awo (segredo) para iniciação.

Olopondá: Possui grande responsabilidade nos segredos da iniciação.

Iyalabaké: Responsável pela alimentação do iniciado enquanto o mesmo estiver em obrigação.

Kólàbá: Responsável pelo labá (sacola onde se guardam objetos do culto a Xangô, notadamente as chamadas pedras de raio), símbolo de Xangô.

Agimuda: Mantém relação com o ipadê de Exu. É "aquela que carrega a espada". Título feminino usado no culto de Oyá e no Geledé.

Iyatojuomó: Responsável pelas crianças do Axé.

Iyasíhà Aiyabá: Responsável por segurar o estandarte de Oxalá.

Omolàra: Posto de confiança.

Sarapegbé: Mensageiro responsável por assuntos civis e de awo.

Akòwé Ilê Xangô: É a secretária da casa de Xangô. Responsável pelo zelo, pelo orô (descida do Orixá) e pelas compras.

Babalossayn (Babalossaim): Responsável pela colheita das folhas.

Axogun: Responsável pelos sacrifícios. Traz axé de Ogum (geralmente é seu filho). Também há Otum e Ossi.

Ogalá Tebessê: Responsável pelos toques, cânticos e danças. Trabalha em conjunto com o Alagbê. Também há Otum e Ossi.

Alagbê: Responsável pelos toques, alimentação, conservação e preservação dos Ilus (tambores), os instrumentos musicais sagrados. Também há Otum e Ossi.

Alagbá: Responsável pelo âmbito civil do Axé.

Àjòiè: Ekédi.

Ojuobá: Posto de honra no Ilê de Xangô. Também há Otum e Ossi.

Teololá: Aquela que acompanha os obás (ministros) de Xangô.

Sobalóju: Título masculino e feminino, significando "o mais importante e atraente", "o preferido do rei".

Mawo: Função de grande confiança.

Balógun: Título ligado ao Ilê (casa) Ogum.

Alagada: Ogã responsável pelas ferramentas de Ogum.

Balóde: Ogã de Odé.

Aficodé: Chefe do Aramefá (6 corpos), ligado ao Ilê Odé.

Ypery: Ogã ou Àjòiè de Odé.

Alajopa: Pessoa de Odé, que leva a caça para ele, isto é, as oferendas.

Alugbin: Ogã de Oxalufã e Oxaguiã que toca o ilu dedicado a Oxalá.

Assogbá: Ogã ligado ao Ilê Omolu e cultos de Obaluaê, Nanã, Egum e Exu.

Alabawy: Pessoa que trabalha na área jurídica e cuida dos interesses civis do Axé.

Leyn: Pessoa de Ogun ou Odé que zela por Ogum.

Alagbede: Aquele que trabalha no ramo de ferro e metais e forja as ferramentas do Axé.

Elémòsó: Ogã ou Àjòiè de Oxaguiã, ligados ao Ilê Oxalá.

Gymu: Àjòiè de Omolu, responsável por tudo que se relaciona a Omolu, Nanã e Ossaim.

Kaweó: Ligado ao Ilê Ossaim.

Ogòtún: Ligado ao Ilê Oxum.

Oba Odofin: Ligado ao Ilê Oxalá.

Iwin Dunse: Ligado ao Ilê Oxalá.

Apokan: Ligado ao Ilê Omolu.

Abogun: Ogã que cultua Ogum.

Abian (Abiã): Novato. É a pessoa que entra para a religião após ter passado pelo ritual de lavagem de contas e pelo bori. Poderá ser iniciada ou não, vai depender de o Orixá pedir a iniciação.

Iawo (Iaô): Filho-de-santo (que já incorpora Orixás).

Egbomi (Ebômi): Quem já cumpriu o período de sete anos da iniciação. Significa "meu irmão mais velho".

O QUE É DOFONO?

"Dofono" é a forma masculina de "dofona", o que, por sua vez, denomina a primeira confirmada que tenha raspado a cabeça em cada barco (grupo, turma) de iaôs. Já "dofonitina" refere-se à segunda iniciada.

O termo provavelmente deriva do fongbé *dokponon*, com o sentido de "único", "sozinho".

QUAIS AS PRINCIPAIS FUNÇÕES NO CANDOMBLÉ ANGOLA?

Tata Nkisi: Zelador.

Mametu Nkisi: Zeladora.

Tata Ndenge: Pai pequeno.

Mametu Ndenge: Mãe pequena (em algumas casas, Kota Tororó).

Tata NGanga Lumbido: Ogã guardião das chaves da casa.

Kambondos: Ogãs.

Kambondos Kisaba ou Tata Kisaba: Ogã responsável pelas folhas.

Tata Kivanda: Ogã responsável pelos sacrifícios animais.

Tata Muloji: Ogã responsável pelos encantamentos com as folhas e cabaças.

Tata Mavambu: Ogã ou filho-de-santo que cuida da casa de Exu (de preferência homem, pois mulher não deve assumir tal responsabilidade enquanto menstruar).

Mametu Mukamba: Cozinheira da casa, que por sua vez, deve de preferência ser uma senhora de idade que não menstrue mais.

Mametu Ndemburo: Mãe criadeira da casa.

Kota ou Maganga: Ekedi (os mais velhos que já passaram de 7 anos, mesmo sem dar obrigação, ou que estão presentes na casa, também são chamados de Kota).

Tata Nganga Muzambù: Pessoa preparada para jogar búzios.

Kutala: Herdeiro da casa.

Mona Nkisi: Filho-de-santo.

Mona Muhatu Wá Nkisi: Filha-de-santo.

Mona Diala Wá Nkisi: Filho-de-santo

Tata Numbi: Médium não rodante que trata de babá Egum (Ojé).

Conforme a ordem no barco (grupo de iniciados), tem-se:

1º Muzenza Kamoxi Rianga (Kadianga)

2º Muzenza Kaiai Kairi

3º Muzenza Katatu Kairi

4º Muzenza Kakuãna Kauanã

5º Muzenza Katanu

6º Muzenza Lusamanu

7º Muzenza Kasanbuadi

8º Muzenza kanaké

9º Muzenza kavua

10º Muzenza kakuinhi

DIVISÕES SACERDOTAIS NO BRASIL (ANGOLA-CONGO)

Mam'etu ria mukixi: Sacerdotisa no Angola.

Tat'etu ria mukixi: Sacerdote no Angola.

Nengua-a-nkisi: Sacerdotisa no Congo.

Nganga-a-nikisi: Sacerdote no Congo.

Mam'etu ndenge: Mãe pequena no Angola.

Tat'etu ndenge: Pai pequeno no Angola.

Nengua ndumba: Mãe pequena no Congo.

Nganga ndumba: Pai pequeno no Congo.

Kambundo ou Kambondo: Homem confirmado.

Kimbanda: Feiticeiro, curandeiro.

Kisasba: Pai das folhas sagradas.

Tata utala: Pai do altar.

Kivonda: Responsável pelo sacrifício de animais (Congo).

Kambondo poko: Responsável pelo sacrifício de animais (Angola).

Kuxika ia ngombe: Tocador (Congo).

Muxiki: Tocador (Angola).

Njimbidi: Cantador.

Kambondo mabaia: Responsável pelo barracão.

Kota: Mulher confirmada.

Kota mbakisi: Responsável pelas divindades.

Hongolo matona: Responsável pelas pinturas corporais.

Kota ambelai: Responsável pelos iniciados.

Kota kididii: Responsável por tudo e pela harmonia da casa.

Kota rifula: Responsável por preparar as comidas sagradas.

Mosoioio: O (a) mais-velho (a), o (a) mais antigo (a). Todo (a) mais-velho (a) da casa.

Kota maganza: Quem já deu a obrigação de 21 anos.

Maganza: Iniciado.

Uandumba: Quem está na fase iniciatória (iniciando/a).

Ndumbe: Pessoa não iniciada.

Sacerdotes na África – Bantu (Angola-Congo)

Kubama: Adivinhador de 1ª categoria.

Tabi: Adivinhador de 2ª categoria.

Nganga-a-ngombo: Adivinhador de 3ª categoria.

Kimbanda: Feiticeiro ou curandeiro.

Nganga-a-mukixi: Sacerdote no culto de possessão (Angola).

Niganga-a-nikisi: Sacerdote do culto de possessão (Congo).

Mukúa-umbanda: Sacerdote do culto de possessão (Angola-Congo).

Quais as principais funções no Candomblé Jeje?

Doté é o pai-de-santo, função ilustre do filho de Sogbô.

Doné é a mãe-de-santo, função feminina na casa Jeje, similar aialorixá.

Os Voduns da família de Dã são chamados de Megitó, enquanto que da família de Kaviuno, do sexo masculino, são chamados de Doté; e do sexo feminino, de Doné.

No Jeje-Mina

Toivoduno: Pai-de-santo.
Nochê: Mãe-de-santo.

No Kwe Ceja Undé

Gaiacu: Função exclusivamente feminina, mãe-de-santo.
Ekede: Conforme visto no Candomblé Ketu.

Classificação das funções de Ogã

Pejigan: O primeiro Ogã da casa Jeje. Pejigan significa "Senhor que zela pelo altar sagrado" (peji = "altar sagrado"; Gan = "senhor").
Runtó: O segundo Ogã da casa Jeje. É o tocador do atabaque Rum.
Outros Ogãs: Gaipé, Runsó, Gaitó, Arrow, Arrontodé etc.

O que é o Decá?

No Candomblé e também em alguns terreiros de Umbanda, receber o decá significa ser investido no cargo de pai ou mãe-de-santo. Nessa cerimônia, o (a) novo (a) sacerdote (isa) recebe uma cuia contendo navalha, fala e tesoura, símbolos do poder de raspar filhos-de-santo.

O termo decá teria origem numa cerimônia semelhante realizada no Benim e conhecida como *dô non dê ka me*, sendo as palavras *dê* e *ka* traduzidas respectivamente por "fruto, noz de dendezeiro" e "cabaça" ou "cuia".

TERREIRO

O QUE É O TERREIRO?

Roça, casa, ilê (Ketu) e inzo (Angola) são alguns dos nomes com que são conhecidos os terreiros de Candomblé. Embora haja variações, cada terreiro assemelha-se a uma pequena África, com os pejis de cada Orixá.

Dependendo da estrutura de cada terreiro, um quarto de Orixá, por exemplo, poderá ser uma pequena casa, um cômodo, ou mesmo uma pequena construção (espécie de box). Há terreiros amplos, com dormitórios. Alguns possuem nascentes d'água e mata nativa. Enquanto nuns os sacrifícios rituais são feitos ao ar livre, em outros existem cômodos específicos.

O QUE É O ASSENTAMENTO DO OGUM GUARDIÃO DA CASA?

O popularmente chamado Ogum de Rua lida com questões concernentes à proteção do templo.

O QUE É O BARRACÃO?

Espaço público das festas e de outros eventos de um terreiro.

O QUE É A CAFUA?

Espécie de vestiário onde se vestem tanto os médiuns quanto os Orixás manifestados.

O que é a Camarinha?

Quarto de recolhimento para iniciação e outros rituais.

O que é a Cozinha?

Local onde se prepararam as comidas ritualísticas e as do cotidiano.

O que é a Casa dos Orixás?

Cada casa de Orixá é o local onde estão seus assentamentos, suas ferramentas e onde se lhe oferece o alimento votivo, dentre outras funções.

O que é a Casa ou o Quarto de Exu?

Local onde estão os assentamentos de Exu, suas ferramentas e onde se lhe oferece o alimento votivo, dentre outras funções.

O que é a Casa ou o Quarto de Balé?

Local dos assentamentos dos ancestrais, em local afastado do terreiro.

O que é a Cumeeira?

Eixo energético entre o Orum (em tradução livre, plano espiritual) e o Aiê (em tradução livre, plano terreno), localizado no teto da casa.

O que é o Peji?

Peji é altar ou pequeno santuário de cada Orixá, geralmente localizado dentro da casa de cada Orixá. O vocábulo também significa a própria casa de cada Orixá.

O que é o Roncó?

O mesmo que camarinha. O termo resulta do aportuguesamento do vocábulo "hounko", que entre os Fons do antigo Daomé significa "quarto de reclusão".

O que são os Vestiários?

Locais onde os médiuns se vestem com as roupas ritualísticas. Em algumas casas não há distinção entre o vestiário comum e a cafua.

O que são Assentamentos?

Elementos da natureza (ex.: pedra) e objetos (ex.: moedas) que abrigam a força dinâmica de uma divindade. São consagrados e alojados em continentes (ex.: louça) e locais específicos.

PRINCIPAIS CERIMÔNIAS

QUAIS AS PRINCIPAIS CERIMÔNIAS DO CANDOMBLÉ?

Algumas das principais cerimônias do múltiplo e diversificado universo do Candomblé da Nação Ketu, os quais, de uma maneira ou de outro, também aparecem na liturgia das outras Nações são: ipadê, xirê, rum, casamentos, sacudimentos, obrigações e axexê.

EXISTE PREPARAÇÃO ESPECIAL PARA AS CERIMÔNIAS?

Para diversos rituais do Candomblé, inclusive os xirês, pede-se a abstenção de álcool e que se mantenha o "corpo limpo" (expressão utilizada em muitos terreiros e que representa se abstenção de relações sexuais). No caso da abstenção de álcool, bem como de alimentos específicos, quando assim solicitado, o objetivo é manter a consciência desperta e não permitir abrir brechas para espíritos e energias com vibrações deletérias. No tocante à abstenção sexual, a expressão "corpo limpo" não significa que o sexo seja algo sujo ou pecaminoso: em toda e qualquer relação, mesmo a mais saudável, existe uma troca energética; o objetivo da abstenção, portanto, é que o médium mantenha concentrada a própria energia e não se deixe envolver, ao menos momentaneamente, pela energia de outra pessoa, em troca íntima.

O período dessas abstenções varia de casa para casa, mas geralmente é de um dia (pode ser da meia-noite do dia do trabalho até a "outra" meia-noite, ou do meio-dia do dia anterior ao trabalho até as 12h do dia seguinte ao trabalho etc.). Há períodos maiores de abstenções chamados de preceitos ou resguardos.

O QUE É O IPADÊ?

Ipadê é o ritual que antecede todos os demais, no qual o Orixá Exu é firmado como guardião do Axé, a fim de proteger a casa e as pessoas. Para tanto, são utilizadas comidas típicas de Exu, como o padê (farofa especialmente preparada), vela e água. Após cantos e danças, a quartinha com água, a vela e o padê são levados para fora do barracão. Os demais rituais têm prosseguimento.

Muitos candomblecistas consideram o Ipadê como o ato de despachar Exu, isto é, afastá-lo, a fim de não provocar confusões. Tal concepção aproxima-se mais da mitologia iorubana do que propriamente da Teologia e da Espiritualidade do Candomblé.

Em ioruba, pàdé significa reunião. A distinção entre ipadê e padê não é consenso em todas as casas.

O QUE É O XIRÊ?

Por meio do canto e da dança, os Orixás são reverenciados e convidados a participarem da festa. Também conhecido como roda de Candomblé.

Em português, xirê pode ser traduzido como festa, brincadeira[6].

O QUE É O RUM?

Trajados e paramentados com seus instrumentos, os Orixás dançam e reproduzem seus mitos e lendas. Trata-se da parte final de um xirê.

Provavelmente a denominação dessa parte da festa origina-se do nome do maior dos três tambores no Candomblé Jeje-nagô, o rum.

---

6. Minha dijina (nome iniciático no Candomblé Angola) é Tata Obasiré. Nesse caso, Obasiré se forma de Obá + xirê, significando, portanto, o rei da brincadeira, o rei da festa. Não deve ser confundida com a saudação ao Orixá Obá.

O que é o Bori?

Bori é o ritual de alimentar a cabeça, o Ori (vimos acima que o Ori é tão importante como qualquer dos Orixás), para a iniciação religiosa, para equilíbrio, tomada de decisões, harmonização com os Orixás etc.

Em iorubá, *bori* pode ser traduzido como cultuar a cabeça de alguém.

O Ori é um terreno onde os caminhos se cruzam:

Oju Ori – Testa
Icoco Ori – Nuca
Opá Otum – Lado Direito
Opá Ossi – Lado Esquerdo

O Candomblé realiza casamentos?

Embora, como toda religião constituída, o Candomblé celebre casamentos, é comum também o filho-de-santo casar-se apenas no civil, ou o casamento religioso ser feito na Igreja Católica Apostólica Romana.

O que são sacudimentos?

Ritual de limpeza espiritual com o intuito de expulsar energias negativas de pessoa ou ambiente. Para tanto, empregam-se folhas fortes que são batidas na pessoa ou no ambiente ("surra"), pólvora queimada no local em que se realiza o ritual e comidas e aves em contato com a pessoa ou o ambiente, os quais serão posteriormente oferecidos aos eguns. O ritual é completado com banho, no caso de pessoa, e com a defumação do corpo ou do local do sacudimento.

O que são obrigações?

Cada vez mais se consideram as obrigações não apenas como um compromisso, mas, literalmente como uma maneira de dizer obrigado (a).

Em linhas gerais, as obrigações se constituem em oferendas feitas para, dentre outros, agradecer, fazer pedidos, reconciliar-se, isto é, reequilibrar a própria energia com as energias dos Orixás. Os elementos oferendados, em sintonia com as energias de cada Orixá, serão utilizados pelos mesmos como combustíveis ou repositores energéticos para ações magísticas (da mesma forma que o álcool, o alimento e o fumo utilizados quando o médium está incorporado). Daí a importância de cada elemento ser escolhido com amor, qualidade, devoção e pensamento adequado.

Existem obrigações menores e maiores, variando de terreiro para terreiro, periódicas ou solicitadas de acordo com as circunstâncias, conforme o tempo de desenvolvimento mediúnico e a responsabilidade de cada um com seus Orixás, com sua coroa, como no caso da saída (quando o médium deixa o recolhimento e, após período de preparação, apresenta solenemente seu Orixá, ou é, por exemplo, apresentado como sacerdote ou ogã) e outros. Embora cada casa siga um núcleo comum de obrigações fixadas e de elementos para cada uma delas, dependendo de seu destinatário, há uma variação grande de cores, objetos, características. Portanto, para se evitar o uso de elementos incompatíveis para os Orixás, há que se dialogar com a Espiritualidade e com os dirigentes espirituais, a fim de que tudo seja corretamente empregado ou, conforme as circunstâncias, algo seja substituído.

O que é Axexê?

O axexê é um conjunto de rituais funerários celebrado quando morrem pessoas importante de um terreiro, notadamente os pais e mães-de-santo.

Em iorubá, *àjèjè* significa uma cerimônia celebrada quando da morte de um caçador.

ALGUNS ELEMENTOS DO CULTO

QUAL A IMPORTÂNCIA DAS VELAS NO CANDOMBLÉ?

O fogo e a vela estão presentes em rituais de diversas tradições espirituais e/ou religiosas. O mesmo acontece com o Candomblé, para a qual a vela acesa constitui-se num ponto de convergência da atenção dos médiuns, consulentes e outros. A vela reforça a energia, a conexão, o desejo, além de fomentar a energia da vida (ígnea). Ajuda a dissipar energias deletérias e, portanto, abre espaço para que as energias positivas se instaurem e/ou permaneçam no ambiente.

O material "ideal" de uma vela é a cera de abelha, pois traz em si os quatro elementos: o fogo (chama), a terra e a água (a própria cera) e o ar (aquecido). Há diversos formatos, materiais, tamanhos, decorações adicionais e outros. Além disso, por exemplo, na ritualística de cada terreiro, é possível encontrar orientações para que as velas sejam acesas com fósforos ou com isqueiros. Variações à parte, o uso de velas é bastante importante nos fundamentos e nas práticas candomblecistas.

QUAL A IMPORTÂNCIA DOS BANHOS NO CANDOMBLÉ?

A água, enquanto elemento de terapêutica espiritual, é empregada em diversas tradições espirituais e/ou religiosas. No Candomblé, em poucas palavras, pode-se dizer que a indicação, as formas de preparo, os cuidados, a coleta, sua ritualística ou a compra de folhas, dentre tantos aspectos, devem ser orientados

106 CANDOMBLÉ: UMA RELIGIÃO ECOLÓGICA

pela Espiritualidade e/ou pelo dirigente espiritual de uma casa. As variações são muitas, contudo procuram atender a formas específicas de trabalhos, bem como aos fundamentos do Candomblé.

QUAIS OS TIPOS DE BANHO MAIS COMUNS?

Banhos de descarga/ descarrego	Servem para livrar a pessoa de energias deletérias, de modo a reequilibrá-la. Pode ser de ervas ou de sal grosso, podendo, ainda, serem acrescidos outros elementos.
Banho de descarga com ervas	Após esse banho, as ervas devem ser recolhidas e despachadas na natureza ou em água corrente. Depois desse banho, aconselha-se um banho de energização.
Banho de sal grosso	Banho de limpeza energética, do pescoço para baixo, depois do qual comumente devem ser feitos banhos de energização, a fim de se equilibrarem as energias, visto que, além de retirar as negativas, também se descarregam as positivas. Alguns o substituem pelo próprio banho de mar.
Banhos de energização	Ativam as energias dos Orixás, Guias e Entidades, afinando-as com as daquele que toma os banhos. Melhoram, portanto, a sintonia com a Espiritualidade, ativam e revitalizam funções psíquicas, melhoram a incorporação etc.
Amací	Banho mais comum, da cabeça aos pés, ou só de cabeça, sob orientação espiritual. Existem também amacís periódicos para o corpo mediúnico, que ritualisticamente o toma.
Banho natural de cachoeira	Possui a mesma função dos banhos de mar, porém em água doce. O choque provocado pela queda d'água limpa e energiza. Melhor ainda quando feito em cachoeiras próximas das matas e sob o sol.
Banho natural de chuva	Limpeza de grande força, é associada ao Orixá Nanã.
Banho natural de mar	Muito bom para descarregos e energização, em especial sob a vibração de Iemanjá.

Qual a importância do sangue no Candomblé?

Além do sangue propriamente dito (ejé, menga, axorô), importante no Candomblé para a movimentação do Axé, há outros elementos também conhecidos como sangue (vermelho, branco e preto), associados aos reinos animal, vegetal e mineral.

O que é o Sangue Vermelho?

Reino animal	Sangue propriamente dito.
Reino vegetal	Epô (óleo de dendê), determinados vegetais, legumes e grãos, osun (pó vermelho), mel (sangue das flores) etc.
Reino mineral	Cobre, bronze, otás (pedras) etc.

O que é o Sangue Branco?

Reino animal	Sêmen, saliva, hálito plasma (em especial do ibi, tipo de caracol) etc.
Reino vegetal	Seiva, sumo, yierosun (pó claro), determinados vegetais, legumes e grãos etc.
Reino mineral	Sais, giz, prata, chumbo, otás etc.

O que é o Sangue Preto?

Reino animal	Cinzas de animais.
Reino vegetal	Sumo escuro de determinadas plantas, waji (pó azul), carvão vegetal, determinados vegetais, legumes, grãos, frutos e raízes etc.
Reino mineral	Carvão, ferro, otás, areia, barro, terra etc.

TAMBORES

QUAL A IMPORTÂNCIA DOS TAMBORES PARA O CANDOMBLÉ?

Mesmo com o uso de vários outros instrumentos sacralizados, como o adjá (tipo específico de sineta) e o xeré (tipo de chocalho metálico utilizado no culto a Xangô) e o agogô, certamente os instrumentos que identificam imediatamente o culto aos Orixás são os tambores ou atabaques, também conhecidos como ilus nos Candomblés de nação ijexá, quando são de dois couros, e tocados sobre cavaletes na Casa de Fanti-Axanti, no Maranhão.

De extrema importância, são saudados e alimentados. Embora haja variações, geralmente, no Candomblé Angola se "come" (toca) com as mãos, enquanto no Ketu, se utilizam as varetas chamadas de aguidavis[7].

O QUE É O RUM?

É o maior e mais grave dos três tambores, responsável por variações rítmicas. De seu nome vem a expressao "dar o rum para o santo", com o sentido de tocar para que o Orixá dance. Por sua vez, o vocábulo decorre do fongbé "houn", que significa "tambor". Tocado pelo alabê, geralmente com um aguidavi, com a mão direita, enquanto a esquerda bate com a palma ou com os dedos.

---

7. Provavelmente o termo deriva de *agida* ou *ogidan*, nome com o qual era conhecido um tipo de tambor no antigo Daomé, ao qual se acrescentou a partícula *vi*, com o sentido de "filho" ou "criança". Dessa forma, a baqueta, enquanto complemento de toque, seria como "filha" do tambor.

O que é o Rumpi?

Tambor médio, entre o rum e o lê. Tocado pelo Otum alabê.

O que é o Lê?

O menor dos três tambores.

Quais os toques mais comuns aos orixás?

Há variações, contudo a tabela abaixo apresenta um painel significativo.

Orixás	Toques
Oxalá	bate-folha, cabula, ijexá
Ogum	barravento, cabula, congo de ouro, ijexá, muxicongo
Xangô	barravento, cabula, congo de ouro, ijexá, muxicongo
Oxóssi	barravento, cabula, congo de ouro, ijexá, muxicongo
Omulu	barravento, cabula, congo de ouro, ijexá, muxicongo
Logun-edé	barravento, ijexá
Ossaim	barravento, cabula, congo, samba angola
Oxumarê	cabula, congo, ijexá
Oxum	cabula, congo, ijexá
Iansã	agerrê, barravento, cabula, congo de ouro, ijexá
Tempo	barravento, cabula, congo de ouro, ijexá
Iemanjá	cabula, ijexá
Nanã	cabula, congo, ijexá

VESTUÁRIO

QUAL A IMPORTÂNCIA DO VESTUÁRIO NO CANDOMBLÉ?

As roupas e os adornos no Candomblé ultrapassam o sentido litúrgico e hierárquico para representar também, na sociedade civil, o respeito e a dignidade da religião.

Respeitando as variações de região para região e de casa para casa, abaixo estão alguns dos principais elementos do vestuário/dos paramentos do Candomblé. Quanto às ferramentas dos Orixás e outros elementos, os mesmos são apresentados acima, quando elencamos os Orixás e suas principais características.

Com os Orixás incorporados, os pés estão descalços, porém há calçados típicos, em especial para os dirigentes espirituais, e outros apetrechos, como leques, equetés (espécie de bonezinhos) e outros.

O QUE É A ROUPA DE RAÇÃO?

Trata-se de roupa simples, usada no cotidiano do Candomblé, geralmente feita de morim ou cretone. Branca ou colorida, dependendo da ocasião, é assim composta: axó (saia de pouca roda para facilitar a movimentação), singuê (faixa amarrada nos seios de modo a substituir o sutiã), camisu ou camisa-de-mulata (normalmente branco e enfeitado de rendas e bordados), calçolão, calçulu ou xokotô (espécie de calça ou bermuda, amarrada com um cordão na cintura e larga, para facilitar o movimento e proteger o corpo quando se senta ao chão), pano da costa e ojá.

O QUE É O PANO DA COSTA?

Enquanto um (a) iaô utiliza o pano da costa amarrado no peito, babalorixás, ialorixás e ebômis o utilizam no ombro. Há casas em que a ialorixá usa o pano da costa no ombro e na cintura, ou apenas na cintura, pois, antes de ser ialorixá é também uma ebômi. O mesmo se dá com babalorixás.

O QUE É O TORSO, TURBANTE OU OJÁ?

Cobre a cabeça, o Ori. O de ialorixás e babalorixás, por vezes, é maior. Quem tem Orixá masculino (aboró) usa apenas uma aba. Já quem tem Orixá feminino (iabá ou aiabá), usa duas abas.

O termo ojá também é empregado para pano em geral (cinta para o corpo, para atabaques e outros). Nesse caso costuma-se falar em ojá de cabeça para se referir ao pano de cabeça.

O QUE SÃO OS FIOS DE CONTA?

Os fios de contas são marcas e referências do culto aos Orixás. Muitos deles foram elencados quando se tratou das características dos Orixás. Servem também para identificar a hierarquia no Candomblé. O fio de ouro, por exemplo, só pode ser utilizado por um dirigente espiritual com mais de 50 anos de iniciação.

O QUE É O QUELÊ?

O quelê é uma sorte de gargantilha usada pelos iaôs durante a iniciação e até três meses depois, representando sua submissão os Orixás. O vocábulo vem do iorubá "kélé", que significa "colar de contas vermelhas e brancas que identificam os filhos de Xangô".

O QUE É O IIAN OU INHÃ?

Colar simples de uma só fiada de miçangas; a medida deve ir até a altura do umbigo.

O QUE É O DELOGUM?

Colar feito de 16 fiadas de miçangas, cuja medida deve ir até a altura do umbigo. Geralmente cada iaô possui dois deloguns, um de seu Eledá e outro de seu segundo Orixá.

O QUE É O BRAJÁ?

Colar de longos fios montados de dois em dois, em pares opostos, ser usados a tiracolo e cruzando o peito e as costas. Simboliza a inter-relação do direito com esquerdo, do masculino com o feminino, do passado e do presente. Quem usa esse tipo de colar descende da união desses pares.

O QUE É O RUNGEVE, RUNJEVE OU HUMGEBÊ?

Colar eito de miçangas marrons, corais e seguis (tipo de conta). O runjeve é usado por ebômis, isto é, por quem já fez a obrigação de sete anos. No caso do Ogã, em sua saída, passa a usar o runjeve (pela responsabilidade da função exercida, já é um ebômi, sendo ao mesmo tempo filho e pai).

Conforme aponta Nei Lopes, *na Enciclopédia Brasileira da Diáspora Africana*:

> **RUNJEVE:** Pequenas contas de cor marrom ou coral, usadas em colares rituais e consideradas um dos símbolos da nação jeje. Também gonjeva, ronjeva, rojévi, runjebe e runjefe. Do fongbé. Veja-se nessa língua: *djê*, "colar", "pérola"; *vi*, "filho, "pequeno".

O que é o laguidibá?

Colar de Obaluaê/Omulu, feito de pequenos discos pretos dispostos em barbante, linha ou outro material.

O que é a bata?

A bata é símbolo hierárquico, sendo usada por babalorixás e ialorixás por fora da calça ou saia. Há casas em que seu uso também é permitido para ebômis.

O que representam os anéis e brincos?

O anel de ouro com búzio incrustado é de uso exclusivo de ialorixás e babalorixás. Já o brinco com búzio incrustado, antes de uso exclusivo de ialorixás, caiu no uso popular, tornando-se adorno mesmo de quem não é da religião.

Quais os cumprimentos mais comuns no Candomblé e o que representam?

Em ordem alfabética, algumas saudações e/ou pedidos de bênção. Grafias e mesmo significados possuem variações. Os usos variam ainda conforme as Nações e do Candomblé para a Umbanda. Nesse sentido, há uma célebre saudação que unifica e representa a diversidade: "A benção pra quem é de benção, colofé pra quem é de colofé, mucuiú pra quem é de mucuiú e motumbá pra quem é de motumbá!".

Axé: Saudação genérica entre o povo-de-santo, evocando a força que assegura o dinamismo da vida, isto é, o Axé.

Bênção: Saudação genérica, utilizada nas diversas Nações.

Colofé: Saudação mais comum na Nação Jeje. Como complemento, tem-se "Colofé lorum".

Motumbá: Saudação mais comum na Nação Ketu. Do iorubá "mo túmba", com o sentido de "eu o saúdo humildemente". Como complemento, tem-se "Motumbá Axé".

Mucuiú: Variante de Mocoiú. Saudação mais comum na Nação Angola. Do quicongo "mu-kuyu" com o sentido de espírito. A saudação ritual completa-se com "Mucuiú nu Zâmbi".

Salve: Saudação genérica, utilizada nas diversas Nações.

Saravá: Saudação mais comum da Umbanda, como sinônimo de "salve!". Trata-se do resultado da bantuização do português "salvar", "saudar".

QUAIS AS SAUDAÇÕES MAIS COMUNS NO CANDOMBLÉ?

Bater cabeça: Com o corpo estirado, ou de joelhos, conforme a situação e o ritual de cada casa, toca-se o chão com a testa. Sinal de respeito e devoção aos Orixás em geral, aos do terreiro e dos dirigentes espirituais da casa. Também se trata de forma de absorção de energias benfeitoras.

Dobale ou Dobalê – saudação daquele que tem o primeiro Orixá masculino (aboró), a qual consiste em prosternar-se no chão, ao comprido, diante do Orixá, de um sacerdote e outros.

Iká – Saudação daquele que tem o primeiro Orixá feminino (iabá), a qual consiste em deitar-se de bruços, diante do Orixá, de um sacerdote e outros, com a cabeça tocando o solo enquanto o corpo move-se para os lados, sobre os braços estendidos.

Há regiões e casas onde os gestos de dobale e iká têm os nomes invertidos. Em outras, o termo dobale é empregado para ambos os gestos.

Bater paó: Batem-se palmas em sinal de respeito (diante da Tronqueira, após se bater cabeça diante do altar etc.). Geralmente são três palmas seguidas, ou três sequências de três palmas longas e sete curtas.

Bater as pontas dos dedos no chão: Sinal de respeito e reverência, complementado de diversas maneiras como:

a) saudação a Exu – bate-se com os dedos da mão esquerda e depois se cruzam os dedos das mãos com as palmas voltadas para o solo;

b) saudação aos Orixás e Guias – bate-se com os dedos da mão direita, toca-se a fronte (saudação ao Eledá – 1º Orixá), o lado direito da cabeça (Otum – 2º Orixá) e a nuca (Ancestrais).

Ombro-a-ombro: Sinal de amizade, fraternidade e igualdade. Cumprimento muito significativo, portanto, quando feito por um Orixá ou uma Entidade.

Vênia: Com a perna direita dobrada, em genuflexão, os antebraços formam dois ângulos retos, com as palmas das mãos voltadas para cima, enquanto a cabeça permanece inclinada ou semi-inclinada para frente. Representa humildade, devoção, respeito ao Chefe Espiritual e/ou à Entidade incorporada. Saudação também utilizada, de modo especial, para Oxalá.

De joelhos: Respeito, humildade, equilíbrio/reequilíbrio energético entre o que está no alto e o que está embaixo (em especial, a energia telúrica).

ORALIDADE

QUAL A IMPORTÂNCIA DA ORALIDADE NO CANDOMBLÉ?

A oralidade é bastante privilegiada no Candomblé, tanto para a transmissão de conhecimentos e segredos (os awós) quanto para a aprendizagem de textos ritualísticos. Nesse contexto, entre cantigas e rezas (que recebem nomes diversos conforme a Nação), destacam-se os itãs e os orikis.

O QUE SÃO ITÃS?

Itãs são relatos míticos da tradição iorubá, notadamente associados aos 256 odus (16 odus principais X 16).

QUAL UM ITÃ BASTANTE CONHECIDO?

Em versão recontada pelo pesquisador e escritor Reginaldo Prandi:

Oxum transforma sangue menstrual em penas de papagaio

Oxalá tinha três mulheres.

A esposa principal era uma filha de Oxum, e como tal era a encarregada de zelar pelos alvos paramentos e pelas ferramentas que usava Oxalá nas grandes celebrações.

As outras mulheres invejavam a posição da filha de Oxum e muitas vezes criaram situações embaraçosas para prejudicá-la.

Um dia a filha de Oxum limpava as ferramentas de Oxalá e as deixou no sol para secar enquanto cuidava de outras coisas.

Vieram as duas outras mulheres e jogaram os objetos do orixá no mar.

A filha de Oxum não encontrou as ferramentas do Grande Orixá e julgou, desesperada, que por conta disso pagaria caro demais.

Nem da cama levantou-se no dia da festa, tal o seu estado d´alma.

Sabia que na festa Oxalá haveria de querer usar os seus símbolos.

Uma meninazinha que ela criava lhe pediu para que se levantasse, mas ela se recusou a fazê-lo, tão grande o desânimo que a possuía.

Foi quando passou na rua um pescador vendendo peixes e a mulher mandou a meninazinha comprar alguns para a festa.

Ao abrir os peixes, encontrou as ferramentas dentro deles.

As outras duas não desistiram de prejudicar a rival esposa.

No dia da festa, no ponto privilegiado da sala, ocupava seu trono Oxalá.

Sentada numa cadeira, à sua direita, encontrava-se a esposa principal, enquanto as duas outras acomodavam-se em cadeiras do lado esquerdo.

Aproveitando-se de um momento em que a primeira esposa se ausentou, retirando-se da sala para providenciar a coroa de Oxalá, as duas outras puseram na sua cadeira um preparado mágico.

No momento em que ela voltou à sala e se sentou, sentiu o assento pegajoso, quente, estranho.

Ela sangrava, deu-se conta com horror!

Saiu correndo em desespero, sabendo que infringira um tabu do marido.

Oxalá indignou-se por ela ter se apresentado diante dele em estado de impureza e a expulsou de casa por quebra do tabu.

A triste esposa correu para a casa de sua mãe em busca de socorro.

Oxum a recebeu carinhosamente e cuidou dela.

Triturou folhas e preparou-lhe um banho na bacia.

Banhou seu corpo, lavou o sangue, envolveu-a em panos limpos e a deixou repousando numa esteira sob a sombra de uma árvore.

Quando Oxum tirou a filha do banho, o fundo da água era vermelho e não era sangue, eram penas vermelhas do papagaio-da-costa.

No fundo da bacia penas vermelhas eram depositadas, penas da cauda do papagaio-da-costa, que os iorubas chamam edidé.

Penas raríssimas e muito apreciadas que os iorubás chamam ecodidé.

Penas que o próprio Oxalá considerava um riquíssimo objeto de adorno, das quais os caçadores não conseguiam arranjar-lhe sequer um exemplar.

A filha de Oxum passou a ir às festas enfeitada com tais penas e um rumor de que Oxum tinha muitos ecodidés chegou aos ouvidos de Oxalá.

Como ele não conseguia as penas de papagaio pelas mãos dos caçadores, foi um dia à casa de Oxum perguntar por elas e surpreendeu-se.

Lá estava sua mulher, a filha de Oxum, coberta com as preciosas plumas.

Oxalá acabou perdoando a esposa e a levou de volta para casa.

Com a filha reabilitada e Oxalá satisfeito, Oxum completara seu prodígio.

Oxalá ornou com uma das penas vermelhas sua própria testa e determinou que a partir daquele dia as sacerdotisas dos orixás, as iaôs, quando iniciadas, deveriam também usar o ecodidé enfeitando suas cabeças raspadas e pintadas, pois assim seriam facilmente reconhecidas pelos orixás que tomam seus corpos em possessão para dançar nas festas.

O que são Orikis?

Na definição de Nei Lopes, oriki é uma "espécie de salmo o cântico de louvor da tradição iorubá, usualmente declamado ao ritmo de um tambor, composto para ressaltar atributos e realizações de um orixá, um indivíduo, uma família ou uma cidade.".

Enquanto gênero, o oriki é constantemente trazido da oralitura para a literatura, sofrendo diversas alterações. Uma delas é o chamado orikai, termo cunhado por Arnaldo Xavier, citado por Antonio Risério, para haicai (poema de origem japonesa com características próprias, porém também com uma série de adaptações formais específicas à poesia de cada país) que se apresente com oriki (especialmente no que tange ao louvor e à ressignificação de atributos dos Orixás).

Qual um Oriki bastante conhecido?

Em transcriação (processo mais complexo e profundo que a tradução) do pesquisador e escritor Antonio Risério:

Oriki de Oxum

Oxum, mãe da clareza
Graça clara
Mãe da clareza

Enfeita filho com bronze
Fabrica fortuna na água
Cria crianças no rio

Brinca com seus braceletes
Colhe e acolhe segredos
Cava e encova cobres na areia

Fêmea força que não se afronta
Fêmea de quem macho foge
Na água funda se assenta profunda
Na fundura da água que corre

Oxum do seio cheio
Ora Ieiê, me proteja
És o que tenho –
Me receba.

PERGUNTAS DIVERSAS

SE ALGUÉM FAZ TRATAMENTO ESPIRITUAL COM UM SACERDOTE/UMA SACERDOTISA DE CANDOMBLÉ, TEM DE SE TORNAR CANDOMBLECISTA?

Não, as portas estão sempre abertas a todos que desejem frequentar os xirês, os tratamentos espirituais, as festas, contudo o Candomblé não faz proselitismo e a decisão de se tornar candomblecista e filiar-se a determinada casa é de cunho espiritual e pessoal e atende também à identificação ou não dos Orixás com a casa em questão.

EXISTEM LEIS ESPECÍFICAS QUE GARANTAM A LIBERDADE DE CULTO AO CANDOMBLÉ?

Sim, em especial o Artigo 5º. e o inciso VI da Constituição Federal Brasileira (1988) e o Capítulo III do Estatuto da Igualdade Racial (2010).

A UMBANDA, POR SUA VEZ, PRATICA O CORTE (SACRIFÍCIO DE ANIMAIS)?

Na Umbanda, em cuja fundamentação não existe o corte, embora diversas casas dele se utilizem, os elementos animais, quando utilizados (há casas que não os utilizam nem mesmo nas chamadas entregas aos Orixás), crus ou preparados na cozinha, provêm diretamente dos açougues. No primeiro caso, usam-se, por exemplo, língua de vaca, sebo de carneiro (por vezes confundido com e/ou substituído por manteiga de carité), miúdos etc. No segundo, nas palavras de Rubens Saraceni, "(...) Mas só se dá o que se come em casa e no dia a dia. Portanto, não há nada de errado porque a razão de ter de colocar um prato com alguma comida 'caseira' se justifica na cura de doenças intratáveis pela medicina tradicional, causadas por eguns e por algumas forças negativas da natureza.(...)Observem que mesmo os Exus da Umbanda só pedem em suas oferendas partes de aves e de animais adquiridos do comércio regular, porque já foram resfriados e tiveram decantadas suas energias vitais (vivas), só lhes restando proteínas, lipídios etc., que são matéria."

POR QUE SE DIZ QUE UMBANDA É A ÚNICA RELIGIÃO GENUINAMENTE BRASILEIRA?

Pelo fato de ter nascido em solo brasileiro e ser caracteristicamente sincrética. Obviamente a Umbanda não é a única religião a nascer no Brasil. O próprio Candomblé, tal qual o conhecemos, nasceu no Brasil, e não em África, uma vez que naquele continente o culto aos Orixás era segmentado por regiões (cada região e, portanto, famílias/clãs cultuavam determinado Orixá ou apenas alguns). No Brasil os Orixás tiveram seus cultos reunidos em terreiros, com variações, evidentemente, assim como com interpenetrações teológicas e litúrgicas das diversas nações.

NO CANDOMBLÉ, COMO É POSSÍVEL ALGUÉM CONHECER SEUS ORIXÁS, GUIAS E ENTIDADES?

Por diversas formas, sendo a mais conhecida e comum o jogo de búzios.

COMO O CANDOMBLÉ ENCARA A INTOLERÂNCIA RELIGIOSA?

Uma das maneiras mais eficazes de diálogo é a promoção de atividades culturais que evidenciem a cultura (toques, cores, culinária etc.) característica do Candomblé, seja no Teatro, na Dança, na Literatura, na participação de eventos como o Mês da Consciência Negra e as celebrações de Treze de Maio, além, é claro, das festas públicas de cada casa, sendo as mais populares as dos Ibejis e/ou de Cosme, Damião e Doum.

POR QUE HÁ MUITOS HOMOSSEXUAIS NA UMBANDA?

Ao contrário do que comumente se pensa, a homossexualidade é uma orientação sexual do médium, não estando atrelada ao Orixá. Quem tem um Orixá dito metá metá (energia masculina e feminina), por exemplo, não será necessariamente homossexual ou bissexual.

Por sua vez, a forte presença de homossexuais, tanto masculinos quanto femininos no Candomblé, na Umbanda (e, claro, em outras religiões) deve-se à acolhida, à compreensão e ao fato de não serem segregados, discriminados ou apontados, o que, além de falta de caridade denota desrespeito a diversos direitos civis.

EXISTE UMA FILMOGRAFIA SOBRE ORIXÁS?

Sim, há filmes em que os Orixás aparecem como personagens, com diversas formas d de representação, com destaque para os recentes longas-metragens "Cafundó" (direção: Paulo Betti e Clóvis Bueno, 2005), "Besouro" (direção: João Daniel Tikhomiroff, 2009) e os curtas "Águas da Oxum" (2012 – Adjá Produções – fora de catálogo), "Mãe dos Nove Céus" (Bom Olhado Produções, 2012), "Mãe dos Peixes, Rainha do Mar" (Bom Olhado Produções, 2013) e "Xangô" (Bom Olhado Produções, 2013).

ANEXO 1
OS CABOCLOS
DE PENA

Formam verdadeiras aldeias e tribos no Astral, representados simbolicamente pela cidade da Jurema, pelo Humaitá e outros. Existem falanges e especialidades diversas, como as de caçadores, feiticeiros, justiceiros, agricultores, rezadores, parteiras e outras, sempre a serviço da Luz, na linha de Oxóssi e na vibração de diversos Orixás. A cor característica dos Caboclos é o verde leitoso, enquanto a das Caboclas é o verde transparente. Seu principal ponto de força são as matas.

Nessa roupagem e pelas múltiplas experiências que possuem (encarnações como cientistas, médicos, pesquisadores e outros), geralmente são escolhidos por Oxalá para serem os guias-chefe dos médiuns, representando o Orixá de cabeça do médium de Umbanda (em alguns casos, os Pretos-Velhos é que assumem tal função). Na maioria dos casos, portanto, os Caboclos vêm na irradiação do Orixá masculino da coroa do médium, enquanto as Caboclas, na irradiação do Orixá feminino da coroa mediúnica. Todavia, os Caboclos também podem vir na irradiação do próprio Orixá de quando estavam encarnados, ou na do Povo do Oriente.

Atuam em diversas áreas e em várias tradições espirituais e/ou religiosas, como no chamado Espiritismo Kardecista ou de Mesa Branca.

Simples e determinados, infundem luz e energia em todos. Representam o conhecimento e a sabedoria que vêm da terra, da natureza, comumente desprezado pela civilização, a qual, paradoxalmente, parece redescobri-los.

CANDOMBLÉ: UMA RELIGIÃO ECOLÓGICA

Também nos lembram a importância do elemento indígena em nossa cultura, a miscigenação de nosso povo e que a Umbanda sempre está de portas abertas para todo aquele, encarnado ou desencarnado, que a procurar.

Os brados dos Caboclos possuem grande força vibratória, além de representarem verdadeiras senhas de identificação entre eles, que ainda se cumprimentam e se abraçam enquanto emitem esses sons. Brados e assobios são verdadeiros mantras que ajudam na limpeza e no equilíbrio de ambientes, pessoas etc. O mesmo vale para o estalar de dedos, uma vez que as mãos possuem muitíssimos terminais nervosos: os estalos de dedos se dão sobre o chamado Monte de Vênus (porção mais gordinha da mão), descarregando energias deletérias e potencializando as energias positivas, de modo a promover o reequilíbrio.[8]

---

8. Roger Feraudy registra: "(...) mostrando que não existe a menor diferença entre o trabalho mediúnico de Umbanda e Kardecismo, o autor participou, anos atrás, de um trabalho que veio a confirmar essa assertiva.

Seus vizinhos na cidade do Rio de Janeiro trabalhavam em um centro de Umbanda, Tenda Mirim, ela como médium e seu marido como cambono. Em determinado dia, sua filha única, então com quatro anos de idade, teve uma febre altíssima. Depois de chamarem um médio, que não soube diagnosticar a origem dessa febre e como aumentava progressivamente, o marido pediu à mulher que recebesse o seu guia espiritual, caboclo Mata Virgem, chamando-me para auxiliar nesse trabalho. O caboclo Mata Virgem apresentou-se e mandou que o marido do seu aparelho tomasse nota de cinco ervas para fazer um chá que, segundo a entidade, resolveria o problema. O vizinho, então, ponderou:

– Acredito que o senhor seja o seu Mata Virgem e que o chá irá curar a minha filha; porém, na Terra existem leis a que tenho que prestar contas. Sei que isso não acontecerá, mas se minha filha não ficar boa com seu chá ou mesmo morrer, o que direi às autoridades: que foi seu Mata Virgem quem mandou a menina tomar o chá?!?

O caboclo atirou o charuto que fumava no chão, adotou uma posição ereta e, calmo, disse em linguagem escorreita:

– Dê o chá que estou mandando – e elevando a voz –, doutor Bezerra de Menezes!"

Em "A missionária", romance mediúnico intuído por Roger Pires, o narrador observa: "(...) Nesse exato momento, enxergou as três figuras ao lado da cama. Eram Jeremias e Melissa, postados próximos à cabeceira da doente, tendo estendidos, sobre ela, os braços. De suas mãos fluía uma radiosidade que se espalhava por todo o corpo de Priscilla. A terceira figura era um 'índio' imponente, de uma estatura incomum, o rosto largo, a pele bronzeada, os olhos grandes e negros. Tinha na cabeça um cocar majestoso, cujas penas se estendiam até os tornozelos. A energia que dele emanava enchia o quarto. Fascinada com o quadro, no geral, Jéssica viu o 'índio' deslocar-se do lado dos outros e colocar-se aos pés da cama, o olhar manso, mas firme fixo na doente.".

ANEXO 2
ORIXÁS NA UMBANDA

De modo geral, a Umbanda não considera os Orixás que descem ao terreiro energias e/ou forças supremas desprovidas de inteligência e individualidade. Na verdade (e os africanos assim já o consideravam), Orixás são ancestrais divinizados, que incorporam conforme a ancestralidade, as afinidades e a coroa de cada médium. No Brasil, teriam sido confundidos com os chamados Imolês, isto é, Divindades Criadoras, acima das quais aparece um único Deus: Olorum, Olodumaré ou Zâmbi. Na linguagem e na concepção umbandistas, portanto, quem incorpora numa gira de Umbanda não são os Orixás propriamente ditos, mas seus falangeiros, em nome dos próprios Orixás, ou, conforme outros segmentos, Orixás sim, contudo com um nível hierárquico mais abaixo. A primeira concepção está de acordo com o conceito de ancestral (espírito) divinizado (e/ou evoluído) vivenciado pelos africanos que para cá foram trazidos como escravos. Mesmo que essa visão não seja consensual (há quem defenda que tais Orixás já encarnaram, enquanto outros segmentos umbandistas – a maioria, diga-se de passagem – rejeitam esse conceito), ao menos se admite no meio Umbandista que o Orixá que incorpora possui um grau adequado de adaptação à energia dos encarnados, o que seria incompatível para os Orixás hierarquicamente superiores.

Na pesquisa feita por Miriam de Oxalá a respeito da ancestralidade e da divinização de ancestrais, aparece, dentre outras fontes, a célebre pesquisadora Olga Guidolle Cacciatore, para quem, "Os Orixás são intermediários entre Olórun, ou melhor, entre seu representante (e filho) Oxalá e os homens. Muitos deles são antigos reis, rainhas ou heróis divinizados, os quais representam as vibrações das forças elementares da Natureza – raios, trovões, ventos, tempestades, água, fenômenos naturais como o arco-íris, atividades econômicas primordiais do homem primitivo – caça, agricultura – ou minerais, como o ferro que tanto serviu a essas atividades de sobrevivência, assim como às de extermínio na guerra."

Entretanto, e como o tema está sempre aberto ao diálogo, à pesquisa, ao registro de impressões, conforme observa o médium umbandista e escritor Norberto Peixoto, é possível incorporar a forma-pensamento de um Orixá, a qual é plasmada e mantida pelas mentes dos encarnados. Nas palavras do médium,

> *"Era dia de sessão de preto (a) velho (a). Estávamos na abertura dos trabalhos, na hora da defumação. O congá 'repentinamente' ficou vibrado com o orixá Nanã, que é considerado a mãe maior dos orixás e o seu axé (força) é um dos sustentadores da egrégora da Casa desde a sua fundação, formando par com Oxóssi. Faltavam poucos dias para o amací (ritual de lavagem da cabeça com ervas maceradas), que tem por finalidade fortalecer a ligação dos médiuns com os orixás regentes e guias espirituais. Pedi um ponto cantado de Nanã Buruquê, antes dos cânticos habituais. Fiquei envolvido com uma energia lenta, mas firme. Fui transportado mentalmente para a beira de um lago lindíssimo e o orixá Nanã me 'ocupou', como se entrasse em meu corpo astral ou se interpenetrasse com ele, havendo uma incorporação total.*
>
> *(...)*
>
> *Vou explicar com sinceridade e sem nenhuma comparação, como tanto vemos por aí, como se a manifestação de um ou outro (dos espíritos na umbanda versus dos orixás em outros cultos) fosse mais ou menos superior, conforme o pertencimento de quem os compara a uma ou outra religião. A 'entidade' parecia um 'robô', um autômato sem pensamento contínuo, levado pelo som e pelos gestos. Sem dúvida, houve uma intensa movimentação de energia benfeitora, mas durante*

a manifestação do orixá minha cabeça ficou mentalmente vazia, como se nenhuma outra mente ocupasse o corpo energético do orixá que dançava, o que acabei sabendo depois tratar-se de uma forma-pensamento plasmada e mantida 'viva' pelas mentes dos encarnados."

No cotidiano dos terreiros, por vezes o vocábulo Orixá é utilizado também para Guias e Entidades. Nessas casas, por exemplo, é comum ouvir alguém dizer antes de uma gira de Pretos-Velhos: "Precisamos preparar mais banquinhos, pois hoje temos muitos médiuns e, portanto, aumentará o número de Orixás em terra."

ANEXO 3
COMO NASCEM
OS DEUSES

Texto bastante elucidativo da pesquisadora e terapeuta Mirella Faur, o qual pode tranquilamente aplicar-se aos Orixás.

"O panteão das tradições antigas resultou na interação dos dois princípios cósmicos universais: o masculino, representado pelo Pai Céu, e o feminino, personificado pela Mãe Terra. O casamento sagrado desses polos gerou formas energéticas secundárias, polarizadas pela influência das forças telúricas, cósmicas, planetárias e dos fenômenos da Natureza. Quando modeladas pela egrégora mental de um conjunto racial, tribal ou grupal, essas energias se manifestam como arquétipos divinos, imbuídos de características e atributos específicos e com apresentações e nomes que variam conforme o lugar de origem.

A existência e a sobrevivência dos arquétipos de determinado panteão dependem da intensidade com que são cultuados e da duração desse culto. Sem essa conexão e nutrição recíproca, as matrizes etéreas enfraquecem-se e acabam desaparecendo com o passar do tempo.

Apesar de as divindades dependerem da egrégora humana, elas não são mero fruto de nossa imaginação: são expressões reais de poderosos campos energéticos e vórtices de energia cósmica. Elas existem em uma realidade diferente do mundo tridimensional, chamada pelos xamãs de nagual ou "realidade incomum" (ou extrafísica), e têm o poder de existir e agir independentemente da vontade humana.

132 CANDOMBLÉ: UMA RELIGIÃO ECOLÓGICA

Esses centros de energia cósmica, sutis e inteligentes, denominados **divindades** (sejam elas deuses, vibrações originais, devas ou orixás), supervisionam o livre-arbítrio coletivo e auxiliam nas decisões tomadas pelos indivíduos, dentro dos limites, valores e regras do ambiente ao qual pertencem. Isso significa que elas não interferem no livre-arbítrio, nem agem contra os interesses do agrupamento humano que as "criou" e que continua "alimentando-as" por meio de invocações, oferendas, cultos e rituais. Existe uma necessidade de intercâmbio energético permanente entre a origem e o resultado da criação, entre o criador e a criatura.

Uma divindade deixará de existir apenas quando não tiver mais nenhum ser humano que invoque sua presença ou acredite em sua existência. Quando isso ocorrer, o campo energético por ela representado não se extingue no espaço, mas se desloca ou volta à sua origem, podendo servir como substrato para a criação de um novo arquétipo, em lugar ou tempo diferente.

Os deuses e as deusas não são arquétipos estáticos, eles evoluem e se modificam de acordo com o progresso cultural e tecnológico e a trajetória espiritual humana. As mudanças na percepção e interpretação de suas manifestações e a compreensão expandida de seus atributos e funções levam à readaptação dos mitos e a sua adaptação às novas necessidades mentais, psicológicas e sociais da comunidade à qual pertencem. São as projeções e as formas mentais humanas que determinam a "metamorfose" das divindades, que acompanham, de maneira simbiótica, o desenvolvimento de seu povo e o surgimento de novos valores e hábitos comportamentais, morais e sociais. Compreende-se, assim, o porquê das diferenças nos mitos de um mesmo deus ou deusa e os variados nomes a eles atribuídos."

ANEXO 4
SOBRE O CORTE
NO CANDOMBLÉ

Para contribuir para o diálogo a respeito do corte no Candomblé (e mesmo nas casas de Umbanda que optam por essa prática), reproduzo a íntegra de uma carta minha publicada resumidamente "no Jornal de Piracicaba" de 23 de janeiro de 2011:

> *"Muito oportuno, lúcido e realmente dialógico o artigo 'Liberdade religiosa e sacrifício de animais', de Ivan Gabriel França de Negri. Com relação ao tema, este é um dos poucos textos publicados na imprensa que não agridem aqueles que pensam de maneira diferente de seus autores.*
>
> *Com muita tristeza acompanhei no ano de 2010 a tentativa de parte da sociedade civil e de legisladores municipais de proibir o corte nos terreiros de Candomblé da cidade. Por trás da 'defesa dos direitos dos animais', preconceito religioso, rancor, incompreensão, falta de argumentos lógicos. Articulistas de jornais exaltados mostravam grande desconhecimento dos fundamentos do Candomblé, dos Orixás, de Entidades, por vezes empregando termos, além de raivosos, altamente preconceituosos.*
>
> *Conforme afirmo em meu livro* xirê: orikais – canto de amor aos orixás *(Piracicaba: Limão Doce, 2010), 'nos anos 90 li uma matéria em um jornal de grande circulação nacional que tratava de tema polêmico,*

134 CANDOMBLÉ: UMA RELIGIÃO ECOLÓGICA

por vezes tabu: a não utilização de animais em rituais de Candomblé. Isso à época me chamou muito a atenção, mas o tema foi deixado de lado. Não me recordo com precisão das referências da matéria, contudo tenho encontrado outras, esparsas, sobre Agenor Miranda e Mestre Didi apresentando ideias semelhantes.' Anos depois, encontrei Iya Senzaruban e me iniciei no Candomblé Vegetariano, organizado por ela, paulatinamente, há quase 20 de seus mais de 45 anos de Candomblé. Em sua casa (Ilê Iya Tunde), fui confirmado e saí Ogã da Oxum.

Por nunca ter praticado ou vivenciado o corte, acredito ter imparcialidade suficiente para aqui deixar meu depoimento a favor dos irmãos que veem suas práticas erroneamente condenadas, uma vez que aqueles que os desrespeitam não compreendem a função do corte no culto e na alimentação da própria comunidade dos terreiros e seu entorno. Se existe abuso e crueldade (leia-se em meu livro a respeito do cuidado com que os animais são geralmente criados nos terreiros, ao contrário do que acontece na maioria dos criadouros), que haja fiscalização legítima e democrática para coibir tais práticas. Muitos dos rituais citados pelos detratores do Candomblé, em Piracicaba, jamais aconteceram em qualquer Ilê deste país. Infelizmente, no libelo contra os candomblecistas da cidade, palavras de Iya Senzaruban foram utilizadas descontextualizadas, transcritas de entrevistas.

O Candomblé Vegetariano não faz proselitismo. Conforme repito sempre, trata-se de 'uma prática que respeita os fundamentos de outras tradições e amorosamente também exige respeito.' Infelizmente somos discriminados por nossa opção de culto mais pelos próprios irmãos de Candomblé do que por aqueles que comumente criticam o Candomblé, mas jamais faríamos isso. Nossa forma de culto difere, mas nossa identidade é a mesma. O vegetarianismo no culto, assim como na alimentação, é uma opção pessoal/coletiva que não pode ser violentamente imposta a ninguém.

ANECO 4 – SOBRE O CORTE NO CANDOMBLÉ

Neste início de ano, convido os irmãos a dialogarem com aqueles que cultuam Orixás, sejam do Candomblé, da Umbanda (à qual pertenço hoje e que, em seus fundamentos, ao contrário do que se afirma ao léu e a despeito de algumas casas, não pratica o corte), de outras religiões, simpatizantes dos cultos e outros. Até mesmo para criticar é preciso conhecer. Ou se está fadado a dizer besteiras. Um célebre provérbio dos terreiros afirma "Enu eja pa eja". Em tradução livre do iorubá, 'O peixe morre pela boca'."

ANEXO 5
SOBRE OS ELEMENTAIS

São conhecidos nas mais diversas culturas, com características e roupagens mais ou menos semelhantes. Atuam sob as ordens dos Orixás.

Elemento Terra	
Dríades	Trabalhando nas florestas, diretamente nas árvores, ligam-se ao campo vibratório do Orixá Oxóssi. Possuem cabelos compridos e luminosos.
Gnomos	Trabalham no duplo etérico das árvores.
Fadas	Manipulam a clorofila das plantas (matizes e fragrâncias), de modo a formar pétalas e brotos. Associam-se à vida das células da relva e de outras plantas.
Duendes	Cuidam da fecundidade da terra, das pedras e dos metais preciosos e semipreciosos.
Elemento Água	
Sereias	Atuam nas proximidades de oceanos, rios e lagos, com energia e forma graciosas.
Ondinas	Atuam nas cachoeiras, auxiliando bastante nos trabalhos de purificação realizados pela Umbanda nesses pontos de força.
Elemento Ar	
Silfos	Apresentam asas, como as fadas, movimentando-se com grande rapidez. Atuam sob a regência de Oxalá.
Elemento Fogo	
Salamandras	Atuando na energia ígnea solar e no fogo de modo geral, apresentam-se como correntes de energia, sem se afigurarem propriamente como humanos.

ANEXO 6
SOBRE A EXPRESSÃO "RELIGIÕES DE MATRIZ AFRICANA"

Embora o mais comum seja referir-se hoje ao Candomblé, à Umbanda e a outras religiões similares como Religiões Tradicionais de Terreiro, ainda é bastante empregada a expressão Religiões de Matriz Africana, embora esta matriz não seja a única a constituir tais religiões.

Nesse sentido, é bastante esclarecedor o questionamento do professor Ildásio Tavares transcrito abaixo, no qual procura denominar as religiões de terreiro como jeje-nagôs-brasileiras, o que, pelo último termo, ao meu ver, incluiria também a Nação Angola:

OS NOMES QUE NÃO NOMEIAM

Fala-se com muita segurança, empáfia (e até injúria) em religião negra, religião africana, religião afro-brasileira, ou culto, mais pejorativamente. Essa terminologia é facciosa, discriminatória, preconceituosa, redutiva e falsa. Auerbach dizia que os maus termos, em ciência, são mais danosos que as nuvens à navegação. Negro é um termo que toma por parâmetro uma cor de pele que nem sequer é negra. Que seria religião negra? Aquela praticada por negros, apenas, ou aquela criada por negros e praticada por brancos, negros mulatos ou alguém com algum dos 514 tipos de cor achados no Brasil por

Herskovits? Religião negra é um termo evidentemente racista quer usado pelos brancos para discriminar e inferiorizar o negro, quer usado pelo negro para se autodiscriminar defensivamente com uma reserva de domínio rácico e cultural.

Africano é absurdamente generalizante, na medida em que subsume uma extraordinária pluralidade e diversidade cultural em um rótulo simplista e unívoco. Nelson Mandela é frequentemente mencionado como um líder africano. Jamais alguém chamaria Adolf Hitler de um líder europeu ou de um líder branco apesar de este ser um defensor da superioridade dos arianos que não são necessariamente brancos, vez que a maioria dos judeus é de brancos, assim como os poloneses; e Hitler os tinha como inferiores, perniciosos e queria eliminá-los da face da Terra. Este rótulo redutivo lembra-me o episódio de nosso grotesco e absurdo presidente Jânio Quadros chamando o intelectual sergipano Raimundo de Souza Dantas, para ser embaixador do Brasil na África por ele ser de pele escura. Quando o perplexo Raimundo replicou: "Excelência, a África é um continente! Como posso ser embaixador do Brasil em um continente?" O burlesco presidente respondeu: "Não importa, o senhor vai ser embaixador do Brasil na África.". E foi. Sediado em Gana. Este é o típico exemplo de absurdo brasileiro, de seu surrealismo de hospício que muitos adotam como postura científica, para empulhar os tolos, os ingênuos e os incautos, armadilha perpetrada por canalhas para capturar os obtusos, diria Rudyard Kipling ao deixar o colonialismo para definir o Super-Homem.

O rótulo afro-brasileiro também é falacioso. Aprendi no curso primário que o povo brasileiro está composto basicamente de três etnias: a dos índios, vermelha; a dos europeus, branca, e a dos africanos, preta. Por definição, portanto, brasileiro é a combinação de índio, africano e europeu, branco, vermelho e preto em proporções variáveis, é claro. Já se disse, jocosamente, que as árvores genealógicas no Brasil (em sua maioria ginecológicas, matrilineares) ou dão no matou ou na cozinha, ou dão em índio ou em negro, para satirizar a falsa, a ansiada brancura de nosso povo que nem a importação de italianos e alemães conseguiu satisfazer, muito pelo contrário, eles é que escureceram, ao menos culturalmente, assim como os amarelos, haja vista a presença de babalorixás

ANEXO 6 – SOBRE A EXPRESSÃO "RELIGIÕES DE MATRIZ AFRICANA" 141

na Liberdade, São Paulo, no Paraná e em Santa Catarina, para não falar de Escolas de Samba de olhos oblíquos.

Ora, se brasileiro já quer dizer parte africano, afro-brasileiro é redundante. Resolvendo a equação, temos: $B = A + I + E$, ou seja, brasileiro é igual a africano + índio + europeu. Logo AB (afro-brasileiro) será igual a $A + AIB$ (africano + índio + brasileiro). Tem africano demais nessa equação. Eliminando o termo igual, discriminaremos o Afro-brasileiro. A única solução é especificar a origem cultural (ou etnográfica, se quiserem) da religião. Para mim seria adequado dizer-se religiões brasileiras de origem africana, índia ou judaico-europeias, todas nossas. Mas como seria longo demais e detesto siglas, prefiro falar religiões jeje-nagôs-brasileira. É mais adequado. Pode não ser preciso. Mas a precisão é um desiderato dos relógios suíços, dos mísseis, dos navios que não afundam e dos filósofos positivistas. Não tenho simpatia por nenhum dos quatro.

BIBLIOGRAFIA

Livros

AFLALO, Fred. *Candomblé: uma visão do mundo*. 2ª ed., São Paulo: Mandarim, 1996.

BARBOSA JÚNIOR, Ademir. *Curso essencial de Umbanda*. São Paulo: Universo dos Livros: 2011.

_____. *O essencial do Candomblé*. São Paulo: Universo dos Livros, 2011.

_____. *Guia prático de plantas medicinais*. São Paulo: Universo dos Livros, 2005.

_____. *Para conhecer a Umbanda*. São Paulo: Universo dos Livros, 2013.

_____. *Xirê: orikais – canto de amor aos orixás*. Piracicaba: Editora Sotaque Limão Doce, 2010.

BARCELLOS, Mario Cesar. *Os Orixás e a personalidade humana*. 4ª ed., Rio de Janeiro: Pallas, 2007.

BORDA, Inivio da Silva *et al.* (org.). *Apostila de Umbanda*. São Vicente: Cantinho dos Orixás, s/d.

CACCIATORE, Olga Gudolle. *Dicionário de Cultos Afro-brasileiros*. Rio de Janeiro: Forense Universitária, 1977.

CAMPOS JR., João de. As religiões afro-brasileiras: diálogo possível com o cristianismo. São Paulo: Editora Salesiana Dom Bosco, 1998.

CHEVALIER, Jean e GHEERBRANT, Alain (orgs.). *Dicionário de símbolos*. 22ª ed., Rio de Janeiro, José Olympio, 2008 (tradução: Vera da Costa e Silva *et al.*).

CORRAL, Janaína Azevedo. *As Sete Linhas da Umbanda*. São Paulo: Universo dos Livros, 2010.

_____ . *Tudo o que você precisa saber sobre Umbanda* (vv. 1, 2 e 3). São Paulo: Universo dos Livros, 2010.

FAUR, Mirella. *Mistérios nórdicos: deuses, runas, magias, rituais*. São Paulo: Pensamento, 2007.

FERAUDY, Roger (obra mediúnica orientada por Babajiananda/Pai Tomé). *Umbanda, essa desconhecida*. 5ª ed., Limeira: Editora do Conhecimento, 2006.

D'IANSÃ, Eulina. *Reza forte*. 4ª ed., Rio de Janeiro: Pallas, 2008.

LEONEL (Espírito) e Mônica de Castro (médium). *Jurema das Matas*. São Paulo: Vida & Consciência, 2011.

LIMAS, Luís Filipe de. *Oxum: a mãe da água doce*. Rio de Janeiro: Pallas, 2007.

LINARES, Ronaldo (org.). *Iniciação à Umbanda*. São Paulo: Madras Editora, 2008.

_____ . *Jogo de Búzios*. São Paulo: Madras Editora, 2007.

LOPES, Nei. *Enciclopédia brasileira da Diáspora Africana*. São Paulo: Selo Negro, 2004.

MARTÍ, Agenor. *Meus oráculos divinos: revelações de uma sibila afrocubana*. Rio de Janeiro: Bertrand Brasil, 1994 (tradução de Rosemary Moraes).

MARTINS, Giovani. *Umbanda de Almas e Angola*. São Paulo: Ícone, 2011.

MARSICANO, Alberto e VIEIRA, Lurdes de Campos. *A Linha do Oriente na Umbanda*. São Paulo: Madras Editora, 2009.

MOURA, Carlos Eugênio M. de (org.). *Candomblé: religião do corpo e da alma*. Rio de Janeiro: Pallas, 2000.

_____ . *Culto aos Orixás, Voduns e Ancestrais nas Religiões Afro-brasileiras*. Rio de Janeiro: Pallas, 2006.

NAPOLEÃO, Eduardo. *Yorùbá – para entender a linguagem dos orixás*. Rio de Janeiro: Pallas, 2010.

NEGRÃO, Lísias. *Entre a cruz e a encruzilhada*. São Paulo: Edusp, 1996.

OMOLUBÁ. *Maria Molambo na sombra e na luz*. 10ª ed., São Paulo: Cristális, 2002.

OXALÁ, Míriam de. *Umbanda: crença, saber e prática*. 2ª ed., Rio de Janeiro: Pallas, 2007.

PARANHOS, Roger Bottini. *Universalismo crístico*. Limeira: Editora do Conhecimento, 2007.

PINTO, Altair. *Dicionário de Umbanda*. Rio de Janeiro: Livraria Editora Eco, 1971.

PIRES, Edir. *A Missionária*. Capivari: Editora EME, 2006.

PORTUGAL FILHO, Fernandez. *Magias e oferendas afro-brasileiras*. São Paulo: Madras, 2004.

PRANDI, Reginaldo. *Mitologia dos Orixás*. São Paulo: Companhia das Letras, 2001.

RAMATÍS (Espírito) e PEIXOTO, Norberto (médium). *Chama crística*. 3ª ed., Limeira: Editora do Conhecimento, 2004.

_____ . *Diário mediúnico*. Limeira: Editora do Conhecimento, 2009.

_____ . *Evolução no Planeta Azul*. 2ª ed., Limeira: Editora do Conhecimento, 2005.

_____ . *Mediunidade e sacerdócio*. Limeira: Editora do Conhecimento, 2010

_____ . *A Missão da Umbanda*. Limeira: Editora do Conhecimento, 2006.

_____ . *Umbanda de A a Z*. Limeira: Editora do Conhecimento, 2011 (org.: Sidnei Carvalho).

_____ . *Umbanda pé no chão*. Limeira: Editora do Conhecimento, 2005.

_____ . *Vozes de Aruanda*. 2ª ed., Limeira: Editora do Conhecimento, 2005.

RIBEIRO, Darcy. *O povo brasileiro: a formação e o sentido do Brasil*. 2ª ed., São Paulo: Companhia das Letras, 1995.

RISÉRIO, Antonio. *Oriki Orixá*. São Paulo: Perspectiva, 1996.

RUDANA, Sibyla. *Os mistérios de Sara: o retorno da Deusa pelas mãos dos ciganos.* São Paulo: Cristális, 2004.

SAMS, Jamie. *As cartas do caminho sagrado.* Rio de Janeiro: Rocco, 2003 (tradução de Fabio Fernandes).

SALES, Nívio Ramos. *Búzios: a fala dos Orixás.* 2ª ed., Rio de Janeiro: Pallas, 2005.

SANTANA, Ernesto (org.). *Orações umbandistas de todos os tempos.* 4ª ed., Rio de Janeiro: Pallas, 2006.

SANTOS, Orlando J. *Orumilá e Exu.* Curitiba, Editora Independente, 1991.

SARACENI, Rubens. *Rituais umbandistas: oferendas, firmezas e assentamentos.* São Paulo: Madras Editora, 2007.

SELJAN, Zora A. O. *Iemanjá: Mãe dos Orixás.* São Paulo: Editora Afro-brasileira, 1973.

SILVA, Carmen Oliveira da. *Memorial Mãe Menininha do Gantois.* Salvador: Ed. Omar G., 2010.

SILVA, Vagner Gonçalves da. *Candomblé e Umbanda: caminhos da devoção brasileira.* São Paulo: Ática, 1994.

SOUZA, Leal de. *O Espiritismo, A Magia e As Sete Linhas de Umbanda.* 2ª ed., Limeira: Editora do Conhecimento, 2008.

_____ . *Umbanda Sagrada.* 3ª ed., São Paulo: Madras Editora, 2006.

SOUZA, Ortiz Belo de. *Umbanda na Umbanda.* São Paulo: Editora Portais de Libertação, 2012.

TAQUES, Ivoni Aguiar (Taques de Xangô). *Ilê-Ifé: de onde viemos.* Porto Alegre: Artha, 2008.

TAVARES, Ildásio. *Xangô.* 2ª ed., Rio de Janeiro Pallas, 2002.

VVAA. *Educação Ambiental e a Prática das Religiões de Matriz Africana.* Piracicaba, 2011.

Jornais e revistas

A sabedoria dos Orixás – volume I, s/d.
Folha de São Paulo, 15 de julho de 2011, p. E8.
Jornal de Piracicaba, 23 de janeiro de 2011, p. 03.
Revista Espiritual de Umbanda – número 02, s/d.
Revista Espiritual de Umbanda – Especial 03, s/d.
Revista Espiritual de Umbanda – número 11, s/d.

Sítios na Internet

http://alaketu.com.br
http://aldeiadepedrapreta.blogspot.com
http://apeuumbanda.blogspot.com
http://babaninodeode.blogspot.com
http://catolicaliberal.com.br
http://centropaijoaodeangola.net
http://colegiodeumbanda.com.br
http://fotolog.terra.com.br/axeolokitiefon
http://jimbarue.com.br
http://juntosnocandomble.blogspot.com
http://letras.com.br
http://mundoaruanda.com
http://ocandomble.wordpress.com
http://orixasol.blogspot.com
http://oyatopeogumja.blogspot.com
http://povodearuanda.blogspot.com
http://pt.fantasia.wikia.com
http://templodeumbandaogum.no.comunidades.net
http://xango.sites.uol.com.br
http://www1.folha.uol.com.br

http://www.desvendandoaumbanda.com.br
http://www.genuinaumbanda.com.br
http://www.guardioesdaluz.com.br
http://www.igrejadesaojorge.com.br
http://www.ileode.com.br
http://www.kakongo.kit.net
http://www.maemartadeoba.com.br
http://www.oriaxe.com.br
http://www.orunmila.org.br
http://www.priberam.pt
http://www.religiosidadepopular.uaivip.com.br
http://www.terreirodavobenedita.com

O AUTOR

Ademir Barbosa Júnior (Dermes) é terapeuta holístico, umbandista, escritor, pesquisador e Pai Pequeno da Tenda de Umbanda Iansã Matamba e Caboclo Jiboia, dirigida por sua esposa, a escritora e blogueira Mãe Karol Souza Barbosa.

Contatos:
E-mail: ademirbarbosajunior@yahoo.com.br.
WhatsApp: 47 97741999.

Outras publicações

FALA ZÉ PELINTRA – PALAVRAS DE DOUTOR

Ademir Barbosa Júnior (Dermes) – Ditado pelo Sr. Zé Pelintra

A vida precisa ser trilhada com sabedoria. Malandragem é saber dançar conforme as possibilidades e sem perder o passo, é jogar capoeira e aprender a cair para não cair, é não perder tempo com besteira, com supérfluo, com suposições e aproveitar cada instante, fazendo comungar o corpo e o espírito. Isso é Malandragem.

Malandro não tira nada de ninguém, mas está por perto quando a fruta mais doce cai, quando a flor mais linda brota, quando o vento melhor passa, quando a chuva mais refrescante desce do céu. Malandragem é estar no aqui e agora, sem se deixar escravizar.

Formato: 14 x 21 cm – 160 páginas

BÚZIOS – A LINGUAGEM DOS ORIXÁS

Ademir Barbosa Júnior (Dermes)

Este livro faz uma apresentação do que sejam os búzios, os Odus, os Orixás mais diretamente ligados a esse sistema oracular e outras tantas informações. Serve como referência para que o leitor conheça um pouco mais a respeito do tema e tenha critérios para selecionar as pessoas de sua confiança para jogar e interpretar. Também proporciona ao leitor a oportunidade de meditar e aprofundar-se no autoconhecimento a partir do conhecimento básico dos principais caminhos (Odus).

Formato: 16 x 23 cm – 160 páginas

MENSAGENS DOS GUIAS DE UMBANDA

Ademir Barbosa Júnior (Dermes)

A Espiritualidade tem outro tempo e fala sempre que necessário. Por meio de recados, intuições, ditados, psicografia: os métodos são múltiplos. Contudo foi-me solicitado um livro pelo Boiadeiro Sr. João do Laço. Algum tempo depois, pelo Sr. Exu Veludo. O mais prático e de acordo com a possibilidade de tempo foi fazer um livro único com mensagens de vários Guias e o resultado está aqui, o livro *Mensagens dos Guias de Umbanda*.

Saravá Umbanda! Abraço, gratidão e Axé!

Formato: 14 x 21 cm – 128 páginas

TEOLOGIA DE UMBANDA E SUAS DIMENSÕES

Ademir Barbosa Júnior (Dermes)

Em linhas gerais, etimologicamente, Umbanda é vocábulo que decorre do Umbundo e do Quimbundo, línguas africanas, com o significado de "arte de curandeiro", "ciência médica", "medicina". O termo passou a designar, genericamente, o sistema religioso que, dentre outros aspectos, assimilou elementos religiosos afro-brasileiros ao espiritismo urbano (kardecismo).

Quanto ao sentido espiritual e esotérico, Umbanda significa "luz divina" ou "conjunto das leis divinas". A magia branca praticada pela Umbanda remontaria, assim, a outras eras do planeta, sendo denominada pela palavra sagrada Aumpiram, transformada em Aumpram e, finalmente, Umbanda.

Formato: 16 x 23 cm – 256 páginas

Outras publicações

POR QUE SOU UMBANDISTA? –
Memórias de um Dirigente Espiritual Teologicamente Incorreto

Ademir Barbosa Júnior (Dermes)

A Umbanda é o caminho que toca o meu coração por vários motivos, dentre eles a ausência de dogmas, a fundamentação explicada de forma lógica e analógica, a maneira como se organizam suas egrégoras de trabalho (Linhas) e a diversidade das mesmas, a pluralidade de suas matrizes, enfim. É uma religião de portas abertas, em que os sacramentos são administrados a quem o desejar, os tratamentos espirituais são universais, uma vez que não é proselitista e, portanto, não exige adesão. Solicita o compromisso de autoconhecimento de todos os que lhe frequentam os templos e exige disciplina dos médiuns, uma vez que mediunidade sem disciplina é como amor sem compromisso.

Por que sou umbandista? Porque é o caminho do meu coração.

Formato: 14 x 21 cm – 160 páginas

MEDITAÇÃO, AUTOCONHECIMENTO E DICAS PARA O DIÁLOGO

Ademir Barbosa Júnior (Dermes)

A sabedoria da meditação consiste em aprender a tornar-se mestre de si mesmo. Independentemente da filosofia espiritualista a que se dedique, ou da comunidade religiosa de que faça parte.

Portanto, ao participar de grupos de meditação, aprenda, questione, debata e não entregue seu poder pessoal a ninguém! Afinal, VOCÊ É SEU PRÓPRIO MESTRE!

Formato: 14 x 21 cm – 160 páginas

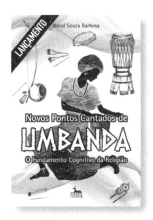

NOVOS PONTOS CANTADOS DE UMBANDA – O FUNDAMENTO COGNITIVO DA RELIGIÃO

Karol Souza Barbosa

Este livro disponibiliza novos pontos cantados de Umbanda, ordenados como pontos de raiz, provindos da espiritualidade (psicografia), e pontos terrenos, escritos pela autora (pautados nos fundamentos religiosos e que auxiliem a conexão vibratória necessária com as Potências Espirituais).

Formato: 16 x 23 cm – 144 páginas

AS CLAVÍCULAS DE SALOMÃO – AS SAGRADAS MAGIAS CERIMONIAIS DO REI

Carlinhos Lima

Fonte primordial, celeiro da Magia Cabalística e origem de muitas das magias cerimoniais dos tempos medievais, as *Clavículas* sempre foram estimadas e valorizadas pelos escritores ocultistas, como uma obra da maior autoridade; e notáveis ocultistas mais próximos de nosso tempo, como o grande Eliphas Levi, Aleister Crowley e outros, tomaram como modelo para seus celebrados trabalhos. Um bom exemplo é a excepcional obra *"Dogmas e Rituais da Alta Magia"* de Eliphas Levi, que se baseou profundamente nas Clavículas.

Na verdade, o buscador vai perceber facilmente que não só Levi se baseou nas *Clavículas de Salomão*, mas, foram muitos os que o tomaram como seu livro de estudo.

Formato: 16 x 23 cm – 288 páginas

Outras publicações

RITUAIS DE UMBANDA

Evandro Mendonça

Este livro é uma junção de antigos rituais, bem simples e fáceis de fazer, e que só vem a somar àqueles médiuns ou terreiros iniciantes.

Mas, poucos sabem que esses rituais foram, são e sempre serão, regidos por uma lei que sempre se chamou, que a chamamos e sempre chamaremos Umbanda com amor e respeito.

Portanto, dentro da religião de Umbanda, ter conhecimento dessas leis, forças, rituais e etc., significa poder.

Formato: 16 x 23 cm – 192 páginas

RITUAIS DE QUIMBANDA – LINHA DE ESQUERDA

Evandro Mendonça

Essa obra é mais um trabalho dedicado aos que querem e buscam um pouco mais de conhecimento sobre como trabalhar com os exus e pombas-gira.

São rituais simples, mas muito eficazes, que podem ajudar muito o dia a dia de um médium e de um terreiro de Umbanda.

Espero que façam um bom uso desses rituais, e nunca esqueçam a lei do livre arbítrio, ação e reação e do merecimento de cada um. Somos livres para plantarmos o que quisermos, mas somos escravos para colhermos o que plantamos.

Formato: 16 x 23 cm – 224 páginas

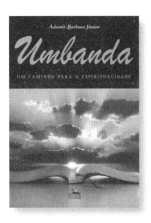

UMBANDA – UM CAMINHO PARA A ESPIRITUALIDADE
Ademir Barbosa Júnior (Dermes)

Este livro traz algumas reflexões sobre a Espiritualidade das Religiões de Matriz Africana, notadamente da Umbanda e do Candomblé. São pequenos artigos disponibilizados em sítios na internet, notas de palestras e bate-papos, trechos de alguns de meus livros.

Como o tema é amplo e toca a alma humana, independentemente de segmento religioso, acrescentei dois textos que não se referem especificamente às Religiões de Matriz Africana, porém complementam os demais: "Materialização: fenômeno do algodão" e "Espiritualidade e ego sutil".

Espero que, ao ler o livro, o leitor se sinta tão à vontade como se pisasse num terreiro acolhedor.

Formato: 16 x 23 cm – 144 páginas

MITOLOGIA DOS ORIXÁS – LIÇÕES E APRENDIZADOS
Ademir Barbosa Júnior (Dermes)

O objetivo principal deste livro não é o estudo sociológico da mitologia iorubá, mas a apresentação da rica mitologia dos Orixás, que, aliás, possui inúmeras e variadas versões.

Não se trata também de um estudo do Candomblé ou da Umbanda, embora, evidentemente, reverbere valores dessas religiões, ditas de matriz africana.

Foram escolhidos alguns dos Orixás mais conhecidos no Brasil, mesmo que nem todos sejam direta e explicitamente cultuados, além de entidades como Olorum (Deus Supremo iorubá) e as Iya Mi Oxorongá (Mães Ancestrais), que aparecem em alguns relatos.

Formato: 16 x 23 cm – 144 páginas

Outras publicações

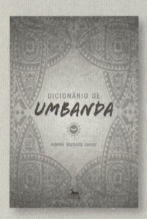

DICIONÁRIO DE UMBANDA

Ademir Barbosa Júnior (Dermes)

Este dicionário não pretende abarcar toda a riqueza da diversidade do vocabulário umbandista em território nacional e no exterior, muito menos das suas variações litúrgicas, das vestimentas, do calendário, dos fundamentos etc., a qual muitas vezes varia de casa para casa, de segmento para segmento.

Como critério de seleção, optou-se pelos vocábulos de maior ocorrência, contudo sem desprezar regionalismos, variantes e outros.

Vocábulos específicos dos Cultos de Nação aparecem na lista, ou porque fazem parte do cotidiano de algumas casas de Umbanda, ou porque se referem a práticas comuns nas casas ditas cruzadas.

Formato: 16 x 23 cm – 256 páginas

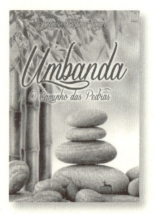

UMBANDA – O CAMINHO DAS PEDRAS

Ademir Barbosa Júnior (Dermes)

O resumo desse farto material compõe as narrativas que se seguem, nas quais, evidentemente, preservei as identidades dos encarnados e desencarnados envolvidos, bem como as identidades dos Guias e Guardiões, assim como as dos templos umbandistas.

Para facilitar a compreensão e privilegiar a essência dos casos estudados, cada narrativa é a síntese de visitas, conferências e exibições de casos, sem que se aponte a cada instante qual o método utilizado.

As narrativas possuem caráter atemporal e representam algumas das sombras da alma humana, em constante evolução, com ascensões e quedas diárias. Tratam de situações que ocorrem em qualquer ambiente, recordando o conselho crístico de orar e vigiar.

Formato: 16 x 23 cm – 144 páginas

POR QUE RIEM OS ERÊS E GARGALHAM OS EXUS?

Ademir Barbosa Júnior (Dermes)

Há diversos livros sobre Espiritualidade e bom humor em diversos segmentos religiosos ou espiritualistas. Este livro é uma pequena contribuição para o riso consciente, saboroso, e não para o bullying ou para se apontar o dedo. O objetivo é rir *com*, e não rir *de*.

Em tempo, além de motivados pela alegria, os Erês riem também para descarregar os médiuns, tranquilizar e suavizar os que falam com ele, harmonizar o ambiente etc.

Já os Exus e as Pombogiras gargalham não apenas por alegria. Suas gostosas gargalhadas são também potentes mantras desagregadores de energias deletérias, emitidos com o intuito de equilibrar especialmente pessoas e ambientes.

Formato: 14 x 21 cm – 128 páginas

NO REINO DOS CABOCLOS

Ademir Barbosa Júnior (Dermes)

Este livro é um pequeno mosaico sobre os Caboclos, estes Guias tão importantes para o socorro e o aprendizado espirituais, cuja ação ultrapassa as fronteiras das religiões de matrizes indígenas e africanas para chegar, ecumenicamente e sob formas diversas, ao coração de todos aqueles que necessitam de luz, orientação, alento e esperança.

Formato: 16 x 23 cm – 144 páginas

Outras publicações

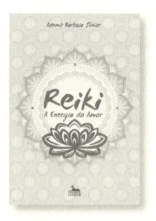

ORIXÁS – CINEMA, LITERATURA E BATE-PAPOS

Ademir Barbosa Júnior (Dermes)

Este livro apresenta alguns textos para reflexões individuais e coletivas. A primeira parte dele aborda curtas e longas-metragens em que Orixás, Guias e Guardiões são representados, relidos, recriados. A segunda parte traz propostas de leituras da riquíssima mitologia dos Orixás, como oralitura e literatura. Já a terceira parte deste livro apresenta textos seminais para que se compreenda a história e a luta do Povo de Santo, bem como as alegrias e dores individuais da filiação de Santo.

Possam os textos sempre favorecer o diálogo e, quando necessário, contribuir para o debate.

Formato: 14 x 21 cm – 144 páginas

REIKI – A ENERGIA DO AMOR

Ademir Barbosa Júnior (Dermes)

Este livro resulta, sobretudo, do diálogo fraterno com reikianos, leitores, interlocutores virtuais e outros.

Não tem a intenção de esgotar o assunto, mas abrirá canais de comunicação para se entender ainda mais a vivência e a prática do Reiki.

Nas palavras de Jung, "Quem olha para fora, sonha; quem olha para dentro, acorda.". O Reiki é um excelente caminho para quem deseja viver conscientemente o dentro e o fora. Basta ter olhos de ver e abrir-se à Energia, no sistema Reiki, por meio de aplicações e/ou de iniciações.

Formato: 16 x 23 cm – 192 páginas

TARÔ DE MARSELHA – MANUAL PRÁTICO

Ademir Barbosa Júnior (Dermes)

O Tarô consiste num oráculo, num instrumento de autoconhecimento, de observação e apreensão da realidade, consultado por meio de cartas.

Como as cartas (ou lâminas, numa terminologia mais técnica), nas mais diversas representações no tempo e no espaço, tratam de arquétipos universais – e o objetivo deste livro não é estabelecer a história do Tarô, o que diversos bons autores já fizeram –, todas as atenções se concentrarão no tipo de baralho estudado: o Tarô de Marselha.

Acompanha um baralho com 22 cartas coloridas, dos Arcanos Maiores.

Formato: 14 x 21 cm – 160 páginas

TARÔ DOS ORIXÁS

Ademir Barbosa Júnior (Dermes)

O Tarô dos Orixás é um oráculo baseado na riquíssima espiritualidade de Orixás, Guias, Guardiões e da Ancestralidade Individualizada (Babá Egun). Idealizado pelo autor, apresenta a sabedoria, os ensinamentos e as lições para cada setor da vida (saúde, amor, finanças etc.) em leituras breves ou mais aprofundadas.

Sempre respeitando o livre-arbítrio, o Tarô dos Orixás é um instrumento seguro de autoconhecimento ou de atendimento e orientação a indivíduos e/ou grupos em busca de experiências centradas e equilibradas, nas quais as luzes e sombras de cada um e do conjunto sejam reconhecidas, respeitadas e integradas.

Com 22 cartas ricamente ilustradas por Miro Souza, o Tarô dos Orixás, mais que um oráculo, é uma fonte de movimentação de Axé para todos os que dele se utilizam.

Formato: 14 x 21 cm – 160 páginas

Distribuição exclusiva